AF194887

Impressum
Verlag: BABADADA GmbH, Nedderfeld 112 , 22529 Hamburg
Geschäftsführer / Verlagsleitung: Harald Hof
Druck: Books on Demand GmbH, In de Tarpen 42, 22848 Norderstedt

Imprint
Publisher: BABADADA GmbH, Nedderfeld 112 , 22529 Hamburg, Germany
Managing Director / Publishing direction: Harald Hof
Print: Books on Demand GmbH, In de Tarpen 42, 22848 Norderstedt

ysgol

σχολείο

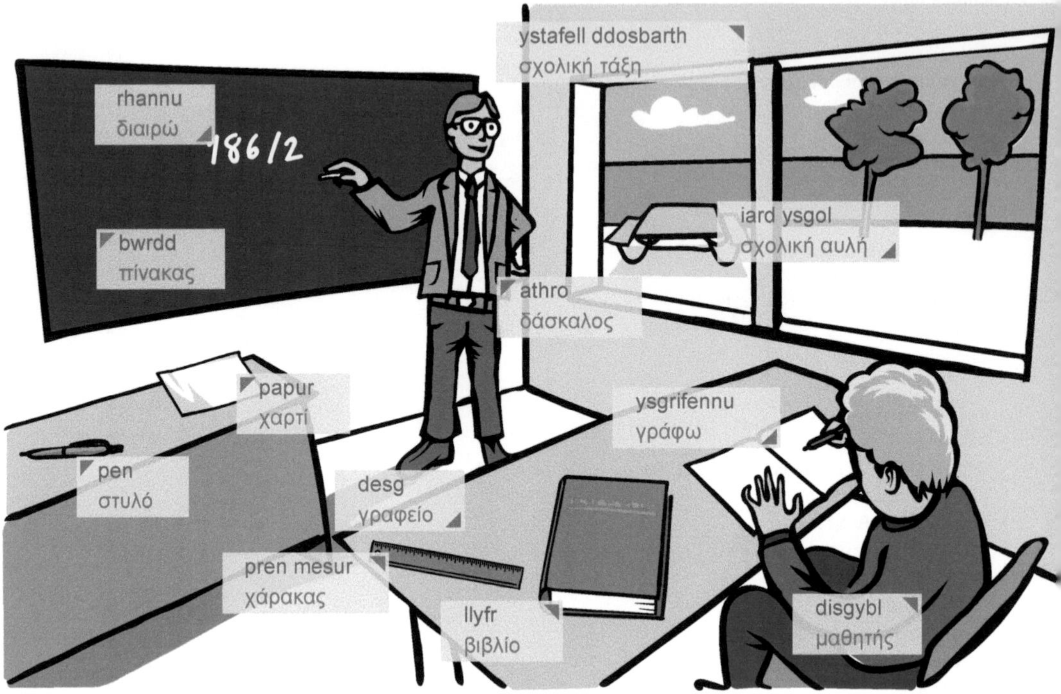
ystafell ddosbarth
σχολική τάξη
rhannu
διαιρώ
186/2
bwrdd
πίνακας
iard ysgol
σχολική αυλή
athro
δάσκαλος
papur
χαρτί
ysgrifennu
γράφω
pen
στυλό
desg
γραφείο
pren mesur
χάρακας
llyfr
βιβλίο
disgybl
μαθητής

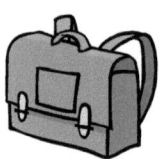

bag ysgol

σχολική τσάντα

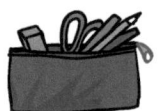

blwch penseli

κασετίνα/ μολυβοθήκη

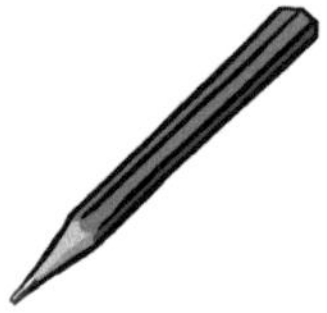

pensil

μολύβι

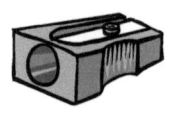

peth rhoi min ar bensil

ξύστρα

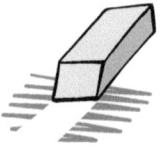

rwber

γόμα

pad arlunio

μπλοκ ζωγραφικής

llun

ζωγραφική

brws paent

πινέλο

blwch paent

κουτί χρωμάτων

siswrn

ψαλίδι

glud

κόλλα

llyfr ysgrifennu

τετράδιο ασκήσεων

gwaith cartref

εργασία για το σπίτι

12

rhif

αριθμός

2+2

ychwanegu

προσθέτω

5-2

tynnu

αφαιρώ

2×2

lluosi

πολλαπλασιάζω

cyfrifo

υπολογίζω

A

llythyren

γράμμα

ABCDEFG HIJKLMN OPQRSTU VWXYZ

gwyddor

αλφάβητο

gair

λέξη

testun

κείμενο

darllen

διαβάζω

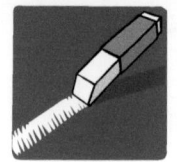

sialc

κιμωλία

gwers

μάθημα

cofrestr

εγγράφομαι

arholiad

τεστ

tystysgrif

πιστοποιητικό

gwisg ysgol

μαθητική στολή

addysg

εκπαίδευση

gwyddoniadur

εγκυκλοπαίδεια

prifysgol

πανεπιστήμιο

microsgop

μικροσκόπιο

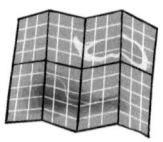

map

χάρτης

basged papur gwastraff

καλάθι αχρήστων

teithio
ταξίδι

Grand
gwesty
ξενοδοχείο
hostel
ξενώνας
ROOMS
swyddfa gyfnewid
ανταλλακτήρια συναλλάγματος
cês dillad
βαλίτσα
car
αυτοκίνητο

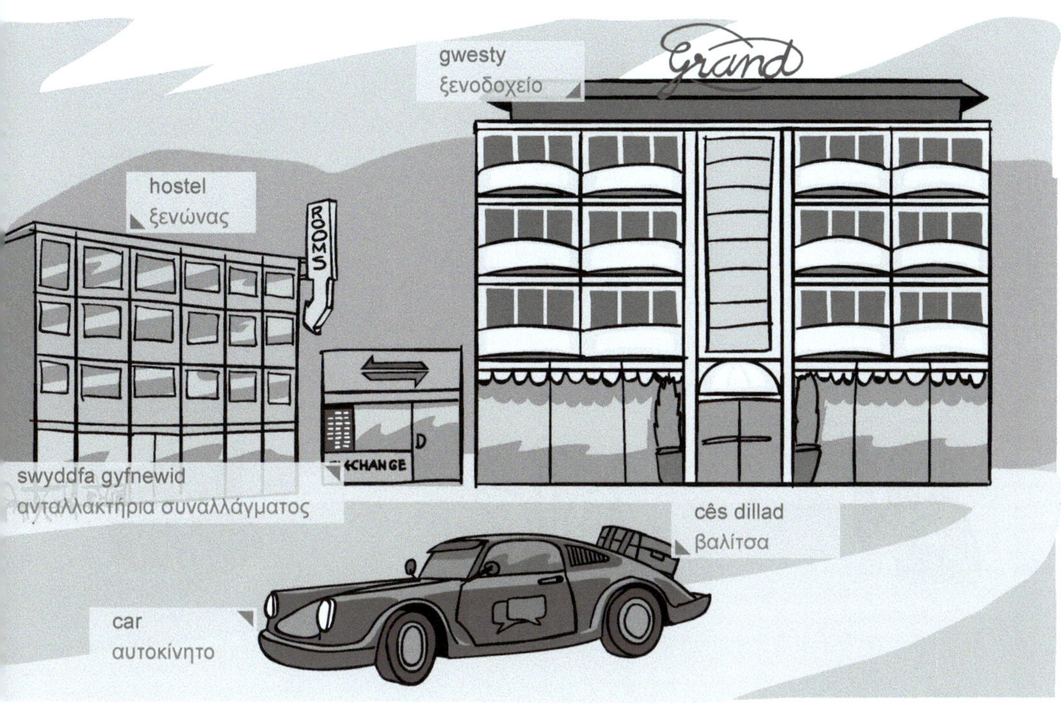

iaith

γλώσσα

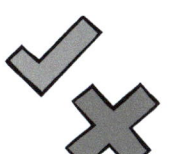

ie / na

ναι / όχι

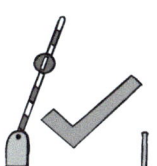

iawn

εντάξει

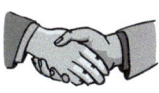

helo

γεια σου

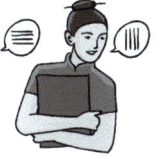

cyfieithydd

μεταφραστής

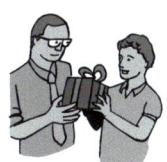

Diolch yn fawr

Ευχαριστώ

faint yw ...?

πόσο κάνει ;

Dw i ddim yn deall

Δε καταλαβαίνω

problem

πρόβλημα

Noswaith dda!

Καλησπέρα!

Bore da!

Καλημέρα!

Nos da!

Καληνύχτα!

hwyl

Αντίο

cyfarwyddyd

κατεύθυνση

bagiau

αποσκευές

bag

τσάντα

gwarbac

σακίδιο πλάτης

gwestai

καλεσμένος

ystafell

δωμάτιο

sach gysgu

υπνόσακος

pabell

σκηνή

teithio - ταξίδι

gwybodaeth i ymwelwyr
....
τουριστικές πληροφορίες

traeth
....
παραλία

cerdyn credyd
....
πιστωτική κάρτα

brecwast
....
πρωινό

cinio
....
μεσημεριανό

swper
....
δείπνο

tocyn
....
εισιτήριο

lifft
....
ανελκυστήρας

stamp
....
γραμματόσημο

ffin
....
σύνορα

tollau
....
τελωνείο

llysgenhadaeth
....
πρεσβεία

fisa
....
βίζα

pasbort
....
διαβατήριο

teithio - ταξίδι

cludiant

μεταφορά

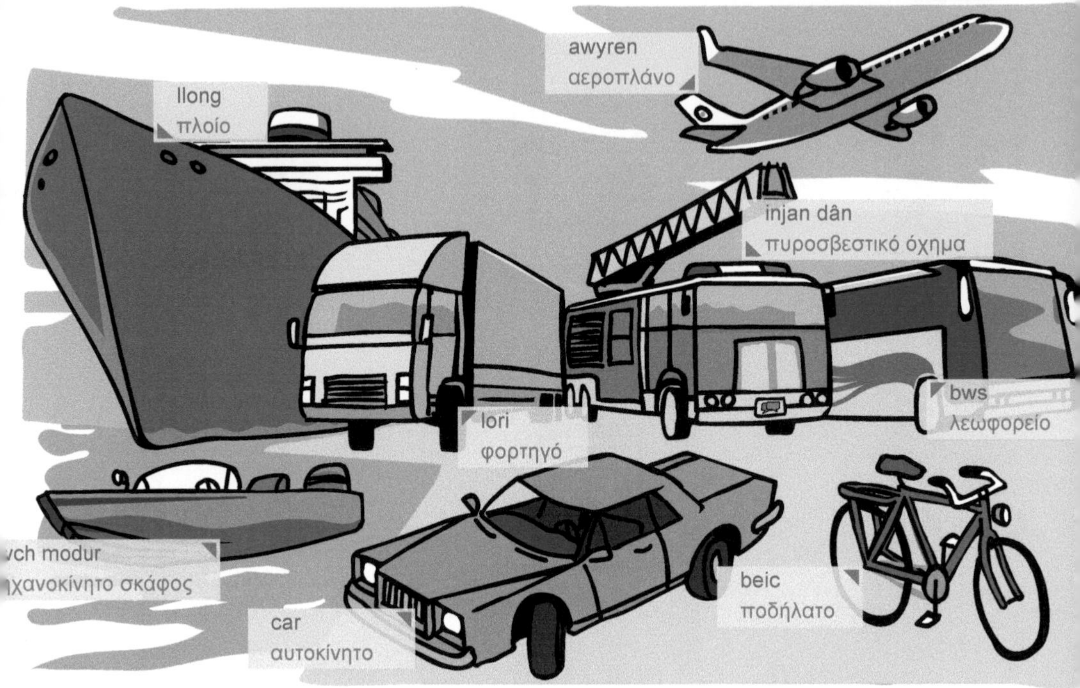

llong
πλοίο
awyren
αεροπλάνο
injan dân
πυροσβεστικό όχημα
bws
λεωφορείο
lori
φορτηγό
ych modur
ιχανοκίνητο σκάφος
beic
ποδήλατο
car
αυτοκίνητο

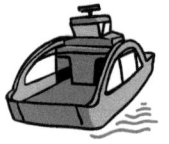

fferi

φεριμπότ

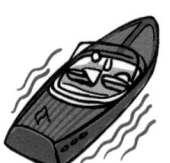

cwch

βάρκα

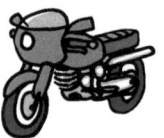

beic modur

μοτοσικλέτα

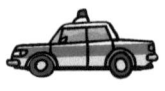

car yr heddlu

περιπολικό

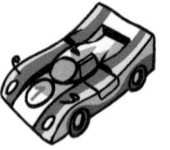

car rasio

αγωνιστικό αυτοκίνητο

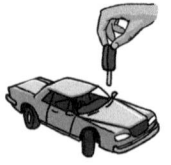

car wedi'i rentu

ενοικιαζόμενο αυτοκίνητο

rhannu car
διαμοιρασμός αυτοκινήτων

lori tynnu
γερανός

lori ysbwriel
απορριμματοφόρο

modur
κινητήρας

tanwydd
καύσιμο

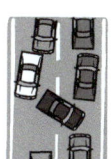

gorsaf betrol
βενζινάδικο

arwydd traffig
πινακίδα σήμανσης

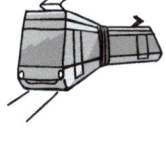

traffig
κυκλοφορία

tagfa draffig
κυκλοφοριακή συμφόρηση

maes parcio
χώρος στάθμευσης

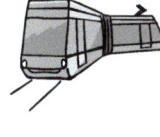

gorsaf drennau
σιδηροδρομικός σταθμός

traciau
σιδηροδρομικές γραμμές

trên
τρένο

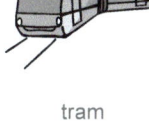

tram
τραμ

wagen
βαγόνι

hofrennydd
ελικόπτερο

maes awyr
αεροδρόμιο

twr
πύργος

teithiwr
επιβάτης

cynhwysydd
εμπορευματοκιβώτιο

paced
χαρτοκιβώτιο

cert
καρότσι

basged
καλάθι

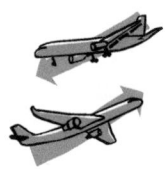

esgyn / glanio
απογειώνομαι /
προσγειόνομαι

dinas

πόλη

pentref
χωριό

canol y ddinas
κέντρο της πόλης

ty
σπίτι

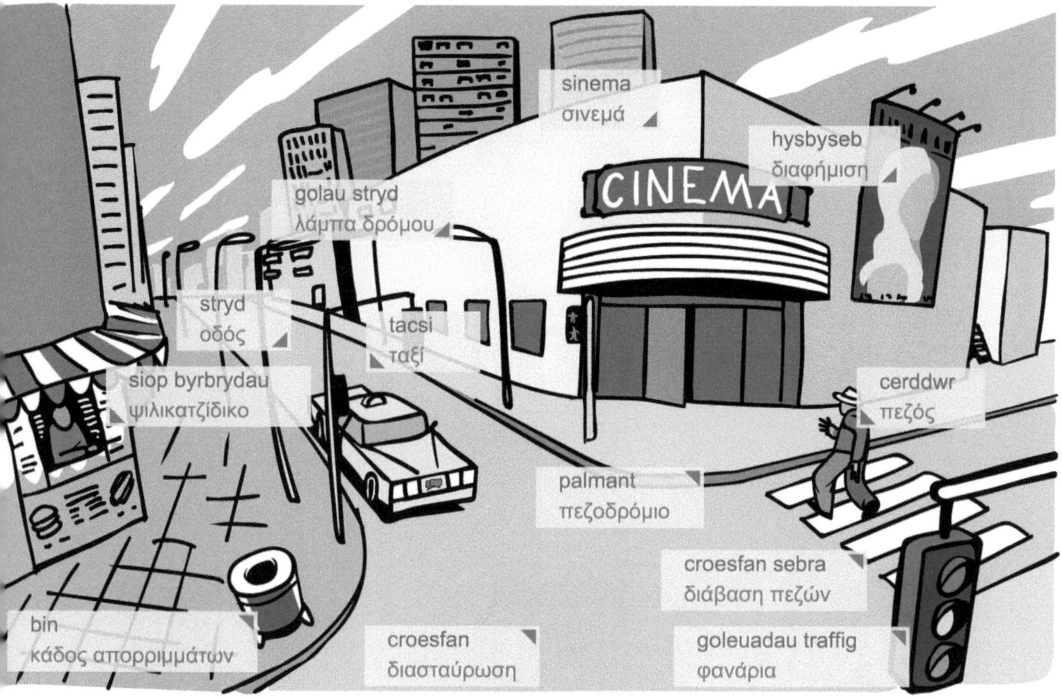

sinema
σινεμά
hysbyseb
διαφήμιση
CINEMA
golau stryd
λάμπα δρόμου
stryd
οδός
tacsi
ταξί
siop byrbrydau
ψιλικατζίδικο
cerddwr
πεζός
palmant
πεζοδρόμιο
croesfan sebra
διάβαση πεζών
bin
κάδος απορριμμάτων
croesfan
διασταύρωση
goleuadau traffig
φανάρια

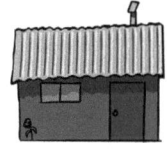

cwt

καλύβα

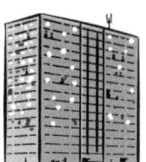

fflat

διαμέρισμα

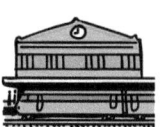

gorsaf drennau

σιδηροδρομικός σταθμός

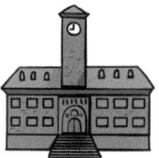

neuadd y dref

δημαρχείο

MUSEUM

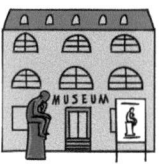

amgueddfa

μουσείο

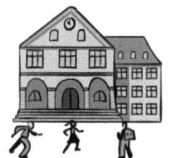

ysgol

σχολείο

prifysgol

πανεπιστήμιο

banc

τράπεζα

ysbyty

νοσοκομείο

gwesty

ξενοδοχείο

fferyllfa

φαρμακείο

swyddfa

γραφείο

siop lyfrau

βιβλιοπωλείο

siop

κατάστημα

siop flodau

ανθοπωλείο

archfarchnad

σούπερ μάρκετ

farchnad

αγορά

siop adrannol

πολυκατάστημα

siop bysgod

ιχθυοπωλείο

canolfan siopa

εμπορικό κέντρο

harbwr

λιμάνι

dinas - πόλη

parc

πάρκο

banc

παγκάκι

pont

γέφυρα

grisiau

σκάλες

rheilffordd danddaearol

μετρό

twnnel

τούνελ

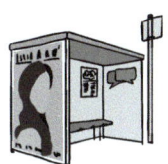

safle bws

στάση λεωφορείου

bar

μπαρ

bwyty

εστιατόριο

blwch post

γραμματοκιβώτιο

arwydd stryd

πινακίδα δρόμου

mesurydd parcio

παρκόμετρο

sŵ

ζωολογικός κήπος

pwll nofio

πισίνα

mosg

τζαμί

fferm

αγρόκτημα

llygredd

ρύπανση

mynwent

νεκροταφείο

eglwys

εκκλησία

maes chwarae

παιδική χαρά

teml

ναός

tirwedd

τοπίο

deilen
φύλλο

arwydd cyfeirio
πινακίδα κατεύθυνσης

ffordd
δρόμος

dôl
λιβάδι

carreg
πέτρα

coeden
δέντρο

heiciwr
πεζοπόρος

afon
ποτάμι

glaswellt
χορτάρι

blodyn
λουλούδι

cwm

κοιλάδα

bryn

λόφος

llyn

λίμνη

coedwig

δάσος

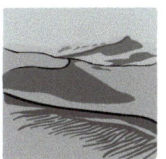

anialwch

έρημος

llosgfynydd

ηφαίστειο

castell

κάστρο

enfys

ουράνιο τόξο

madarchen

μανιτάρι

palmwydden

φοίνικας

mosgito

κουνούπι

pryf

μύγα

morgrugyn

μυρμήγκι

gwenyn

μέλισσα

pryf copyn

αράχνη

tirwedd - τοπίο

chwilen

σκαθάρι

llyffant

βάτραχος

gwiwer

σκίουρος

draenog

σκαντζόχοιρος

ysgyfarnog

λαγός

tylluan

κουκουβάγια

aderyn

πουλί

alarch

κύκνος

baedd

αγριογούρουνο

carw

ελάφι

elc

άλκη

argae

φράγμα

tyrbin gwynt

ανεμογεννήτρια

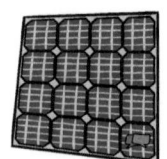

panel haul

ηλιακός συλλέκτης

hinsawdd

κλίμα

bwyty
εστιατόριο

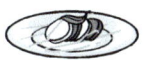

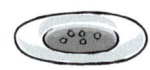

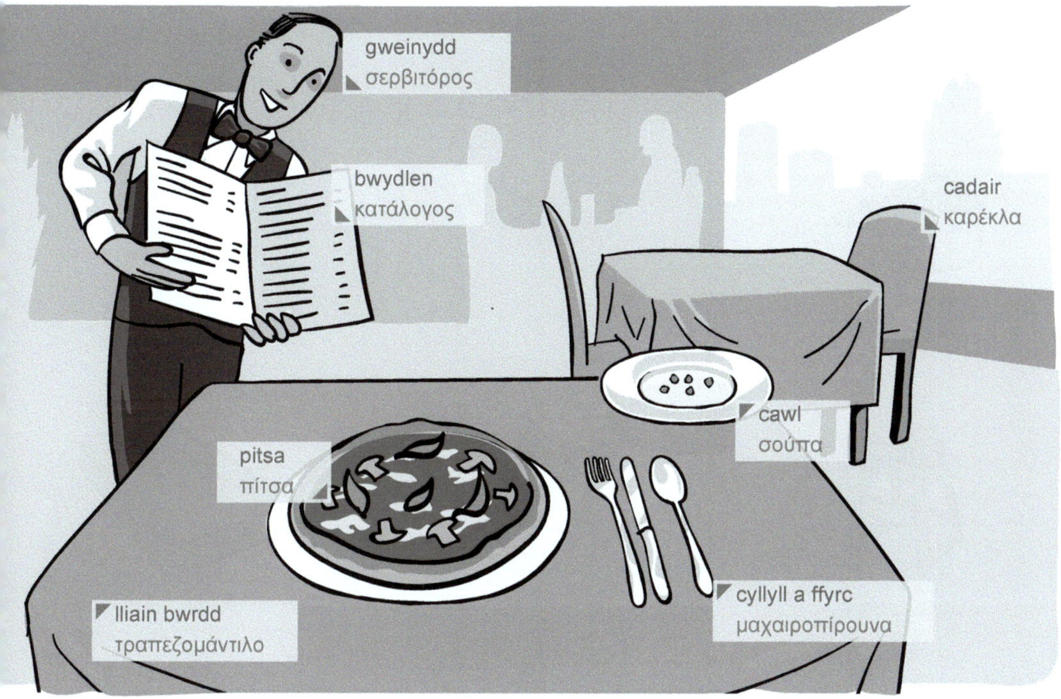
gweinydd
σερβιτόρος
bwydlen
κατάλογος
cadair
καρέκλα
cawl
σούπα
pitsa
πίτσα
lliain bwrdd
τραπεζομάντιλο
cyllyll a ffyrc
μαχαιροπίρουνα

cwrs cyntaf

ορεκτικό

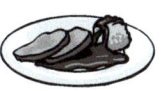

prif gwrs

κύριο πιάτο

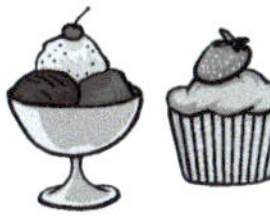

pwdin

επιδόρπιο

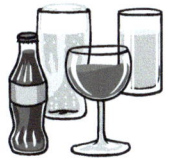

diodydd

ποτά

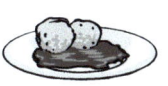

bwyd

φαγητό

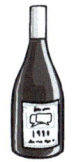

potel

μπουκάλι

bwyd cyflym

φαστ φουντ

bwyd y stryd

φαγητό στ' όρθιο

tebot

τσαγιέρα

powlen siwgr

δοχείο ζάχαρης

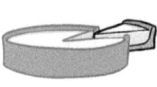

dogn

μερίδα

peiriant espresso

μηχανή εσπρέσο

cadair plentyn

ψηλή καρέκλα

bil

λογαριασμός

hambwrdd

δίσκος

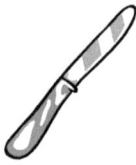

cyllell

μαχαίρι

fforc

πιρούνι

llwy

κουτάλι

llwy de

κουταλάκι του τσαγιού

napcyn

πετσέτα φαγητού

gwydr

ποτήρι

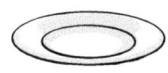

plât

πιάτο

plât cawl

πιάτο σούπας

soser

πιατάκι φλιτζανιού

saws

σάλτσα

pot halen

αλατιέρα

melin bupur

μύλος για πιπέρι

finegr

ξύδι

olew

λάδι

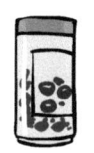

sbeisys

μπαχαρικά

saws coch

κέτσαπ

mwstard

μουστάρδα

mayonnaise

μαγιονέζα

archfarchnad

σούπερ μάρκετ

cynnig arbennig
προσφορά
FOR
cwsmer
πελάτης
cynnyrch llaeth
γαλακτοκομικά προϊόντα
ffrwythau
φρούτα
troli
καρότσι για ψώνια

BUTCHERS

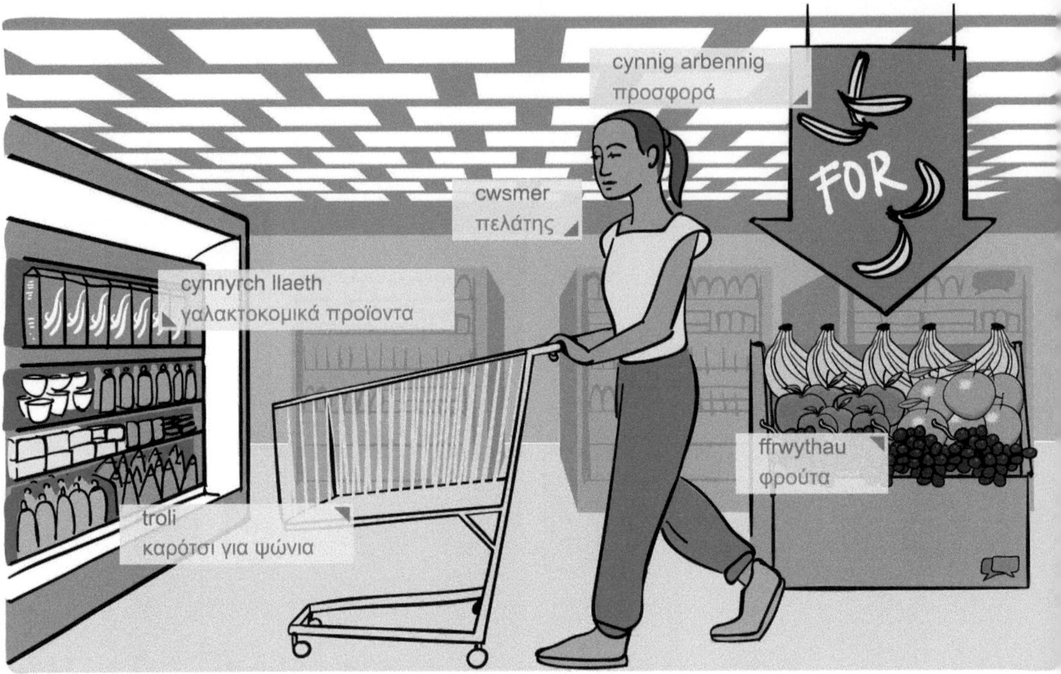

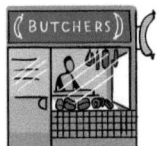

siop gig

κρεοπωλείο

BAKERY

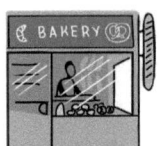

siop fara

φούρνος

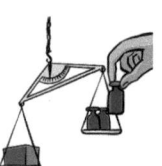

pwyso

ζυγίζω

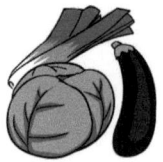

llysiau

λαχανικά

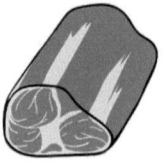

cig

κρέας

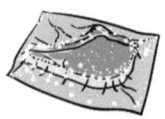

Bwyd wedi'i rewi

κατεψυγμένα τρόφιμα

cig oer

αλλαντικά

bwyd tun

κονσερβοποιημένη τροφή

powdr golchi

απορρυπαντικό ρούχων

da-da

γλυκά

cynnyrch cartref

οικιακά είδη

cynhyrchion glanhau

καθαριστικά προϊόντα

gwerthwraig

πωλήτρια

til

ταμείο

ariannwr

ταμίας

rhestr siopa

λίστα για ψώνια

oriau agor

ωράριο λειτουργίας

waled

πορτοφόλι

cerdyn credyd

πιστωτική κάρτα

bag

τσάντα

bag plastig

πλαστική σακούλα

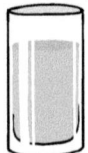

dŵr

νερό

sudd

χυμός

llefrith

γάλα

côc

κόκα κόλα

gwin

κρασί

cwrw

μπίρα

alcohol

αλκοόλ

coco

κακάο

te

τσάι

coffi

καφές

espresso

εσπρέσο

cappuccino

καπουτσίνο

ffrwchledd

μπανάνα

afal

μήλο

oren

πορτοκάλι

melon

πεπόνι

lemwn

λεμόνι

moronen

καρότο

garlleg

σκόρδο

bambŵ

μπαμπού

nionyn

κρεμμύδι

madarchen

μανιτάρι

cnau

ξηροί καρποί

nwdls

νουντλς

sbageti

μακαρόνια

reis

ρύζι

salad

σαλάτα

sglodion

πατατάκια

tatws wedi'u ffrïo

τηγανητές πατάτες

pitsa

πίτσα

hambyrger

χάμπουργκερ

brechdan

σάντουιτς

cytled

κοτολέτα

ham

ζαμπόν

salami

σαλάμι

selsig

λουκάνικο

cyw iâr

κοτόπουλο

rhost

ψητό

pysgodyn

ψάρι

ceirch uwd

χυλός βρώμης

miwsli

μούσλι

creision ŷd

κορν φλέικς

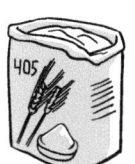

blawd

αλεύρι

croissant

κρουασάν

bynsen

ψωμάκι

bara

ψωμί

tost

τοστ

bisgedi

μπισκότα

menyn

βούτυρο

ceuled

τυρόπηγμα

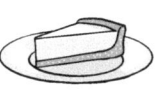

teisen

κέικ

wy

αυγό

wy wedi'i ffrïo

τηγανητό αυγό

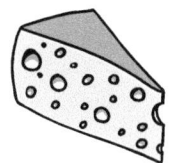

caws

τυρί

bwyd - φαγητό

hufen iâ

παγωτό

siwgr

ζάχαρη

mêl

μέλι

jam

μαρμελάδα

siocled taenu

άλλειμμα σοκολάτας

cyri

κάρυ

fferm
αγρόκτημα

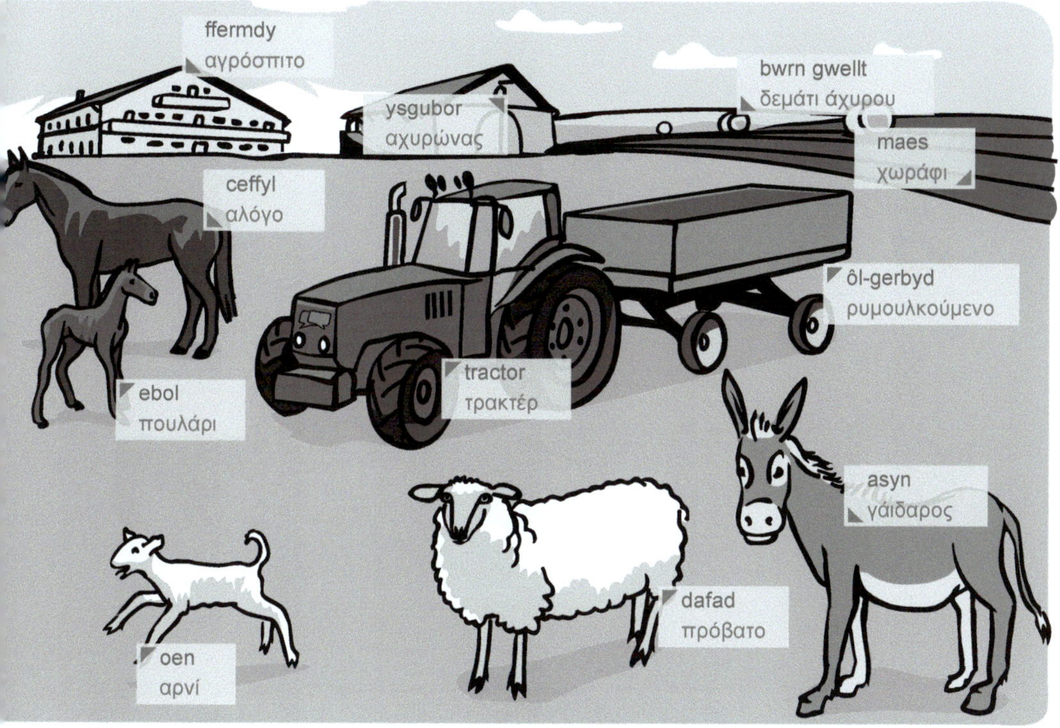
fermdy
αγρόσπιτο
ysgubor
αχυρώνας
bwrn gwellt
δεμάτι άχυρου
maes
χωράφι
ceffyl
αλόγο
ôl-gerbyd
ρυμουλκούμενο
tractor
τρακτέρ
ebol
πουλάρι
asyn
γάιδαρος
dafad
πρόβατο
oen
αρνί

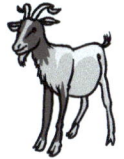

gafr
κατσίκα

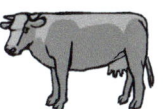

buwch
αγελάδα

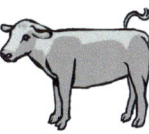

llo
μοσχαράκι

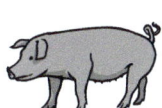

mochyn
γουρούνι

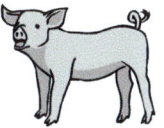

porchell
γουρουνάκι

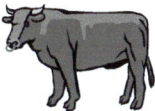

tarw
ταύρος

gwydd

χήνα

hwyaden

πάπια

cyw

κοτοπουλάκι

iâr

κότα

ceiliog

κόκορας

llygoden fawr

αρουραίος

cath

γάτα

llygoden

ποντίκι

ych

βόδι

ci

σκύλος

cwt ci

σπιτάκι σκύλου

pibell ddŵr

λάστιχο κήπου

can dŵr

ποτιστήρι

pladur

θεριστήρι

aradr

αλέτρι

cryman

δρεπάνι

fforch chwynu

τσάπα

picwarch

δίκρανο

bwyell

τσεκούρι

berfa

χειράμαξα

cafn

ταΐστρα

tun llefrith

δοχείο γάλακτος

sach

σάκος

ffens

φράχτης

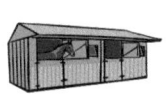

stabl

στάβλος

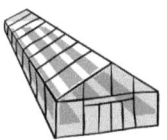

tŷ gwydr

θερμοκήπιο

pridd

έδαφος

hedyn

σπόρος

gwrtaith

λίπασμα

dyrnwr medi

θεριζοαλωνιστική μηχανή

cynaeafu

θερίζω

cynhaeaf

συγκομιδή

iamau

γιαμς

gwenith

σιτάρι

soi

σόγια

tysen

πατάτα

grawn

καλαμπόκι

had rêp

κράμβη

coeden ffrwythau

οπωροφόρο δέντρο

manioc

μανιόκα

grawnfwydydd

δημητριακά

tŷ

σπίτι

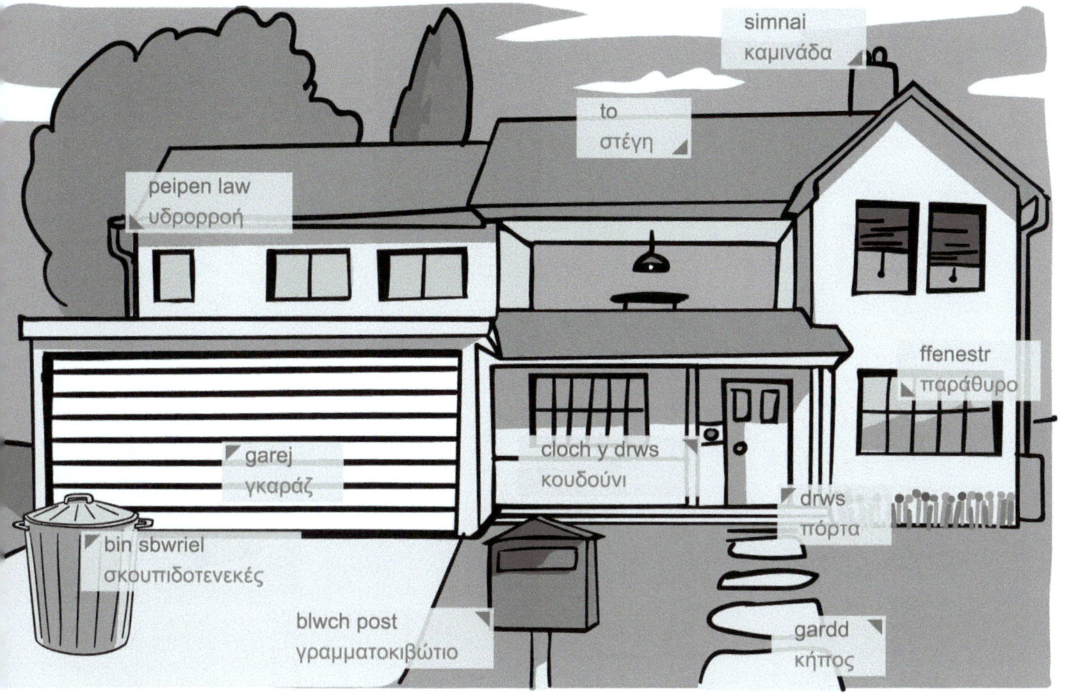
simnai
καμινάδα
to
στέγη
peipen law
υδρορροή
ffenestr
παράθυρο
garej
γκαράζ
cloch y drws
κουδούνι
drws
πόρτα
bin sbwriel
σκουπιδοτενεκές
blwch post
γραμματοκιβώτιο
gardd
κήπος

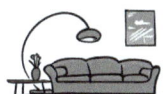

lolfa

σαλόνι

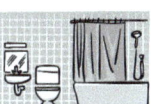

ystafell ymolchi

μπάνιο

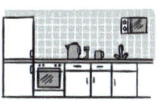

cegin

κουζίνα

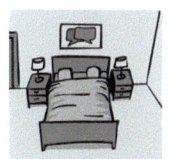

ystafell wely

υπνοδωμάτιο

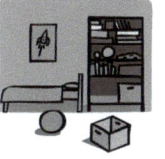

ystafell plentyn

παιδικό δωμάτιο

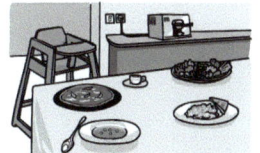

ystafell fwyta

τραπεζαρία

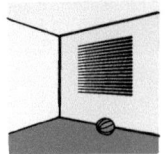

llawr

πάτωμα

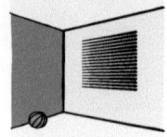

wal

τοίχος

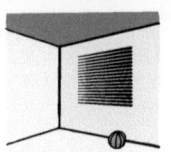

nenfwd

οροφή

seler

κελάρι

sawna

σάουνα

balconi

μπαλκόνι

teras

βεράντα

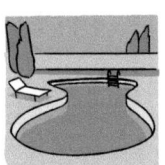

pwll

πισίνα

peiriant torri gwair

μηχανή του γκαζόν

taflen

σεντόνι

gorchudd gwely

κάλυμμα κρεβατιού

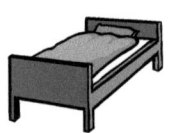

gwely

κρεβάτι

ysgub

σκούπα

bwced

κουβάς

swits

διακόπτης

tŷ - σπίτι

lolfa
σαλόνι

papur wal
ταπετσαρία
llun
φωτογραφία
lamp
λάμπα
silff
ράφι
cwpwrdd
ντουλάπι
teledu
τηλεόραση
lle tân
τζάκι
blodyn
λουλούδι
clustog
μαξιλάρι
soffa
καναπές
fâs
βάζο
rheolydd o bell
τηλεκοντρόλ

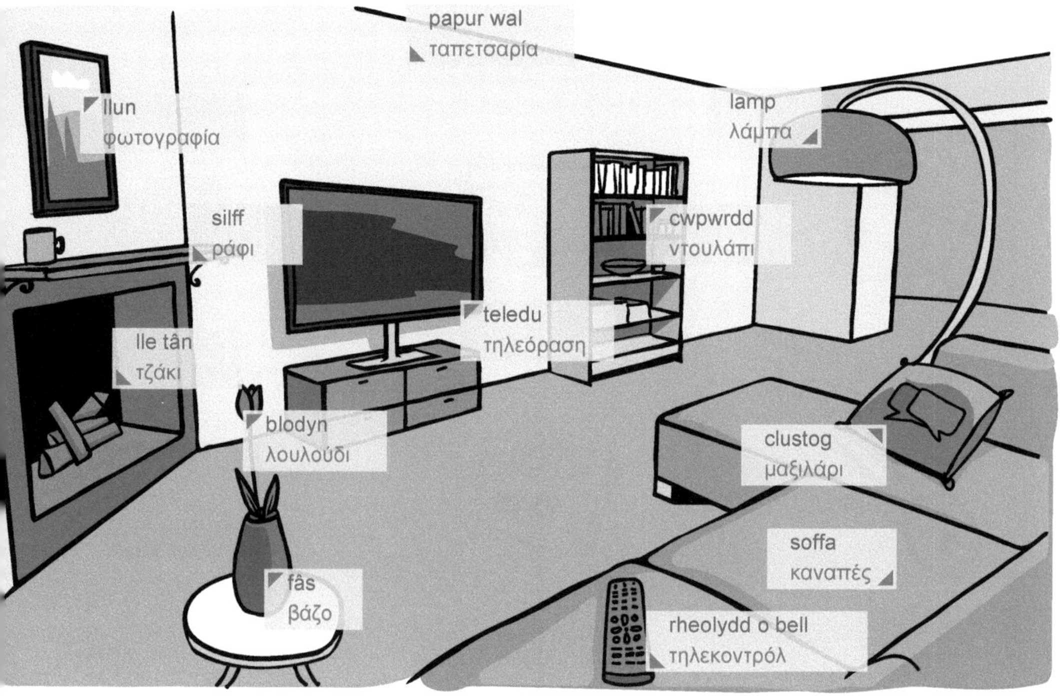

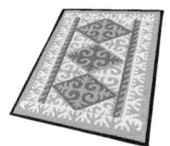

carped
χαλί

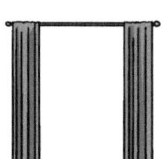

llen
κουρτίνα

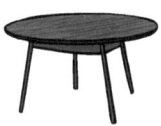

bwrdd
τραπέζι

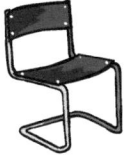

cadair
καρέκλα

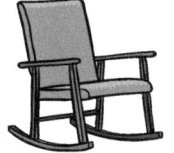

cadair siglo
κουνιστή πολυθρόνα

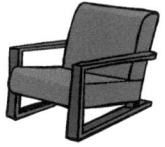

cadair freichiau
πολυθρόνα

llyfr

βιβλίο

blanced

κουβέρτα

addurn

διακόσμηση

coed tân

καυσόξυλα

ffilm

ταινία

hi-fi

στερεοφωνικό σύστημα

agoriad

κλειδί

papur newydd

εφημερίδα

darlun

πίνακας ζωγραφικής

poster

αφίσα

radio

ραδιόφωνο

llyfr nodiadau

σημειωματάριο

hwfer

ηλεκτρική σκούπα

cactws

κάκτος

cannwyll

κερί

cegin
κουζίνα

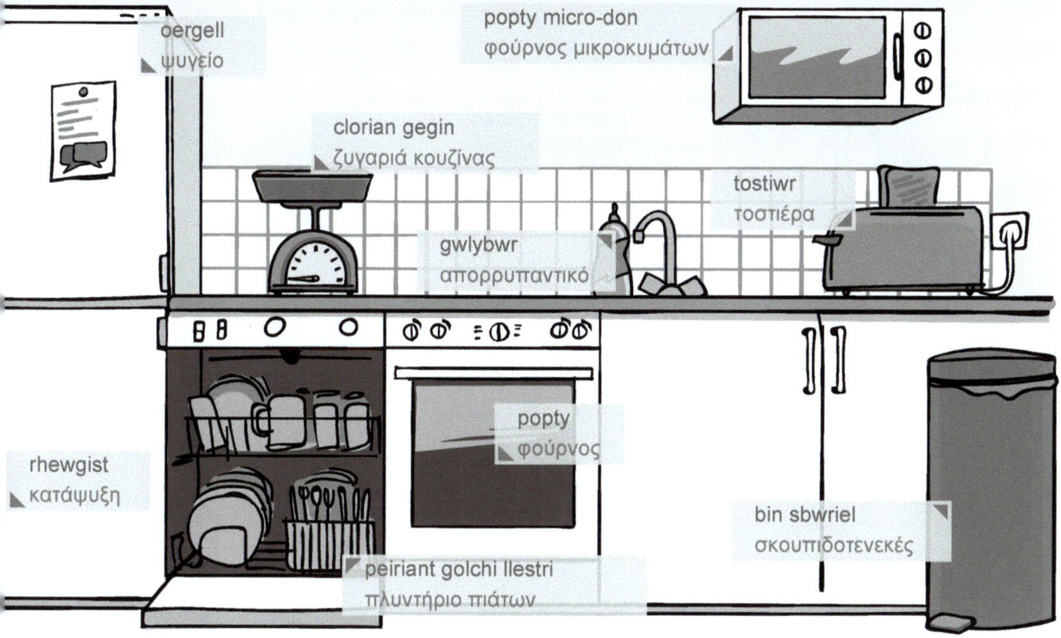
oergell
ψυγείο
popty micro-don
φούρνος μικροκυμάτων
clorian gegin
ζυγαριά κουζίνας
tostiwr
τοστιέρα
gwlybwr
απορρυπαντικό
popty
φούρνος
rhewgist
κατάψυξη
bin sbwriel
σκουπιδοτενεκές
peiriant golchi llestri
πλυντήριο πιάτων

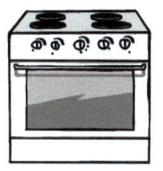

popty
κουζίνα

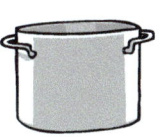

pot
κατσαρόλα

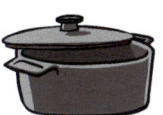

pot haearn bwrw
μαντεμένια κατσαρόλα

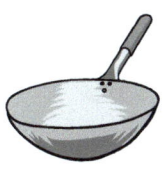

wok / kadai
γουόκ/καντάι

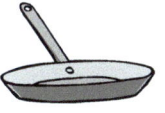

padell
τηγάνι

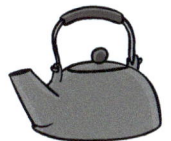

tegell
βραστήρας

sosban stemio

ατμομάγειρας

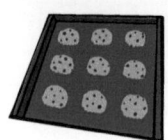

hambwrdd pobi

ταψί

llestri

πιατικά

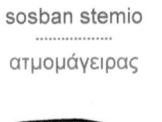

mwg

κούπα

powlen

μπολ

gweill bwyta

ξυλάκια

lletwad

κουτάλα

ysbodol

σπάτουλα

chwisg

ανακατεύω

hidlydd

σουρωτήρι

gogr

σουρωτηράκι

gratiwr

τρίφτης

morter

γουδί

barbeciw

ψησταριά

tân agored

ανοιχτή φωτιά

bwrdd torri cig

σανίδα κοπής

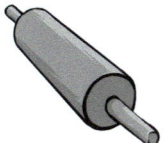

rholbren

πλάστης

tynnwr corcyn

ανοιχτήρι φελλών

tun

κονσέρβα

peth agor tuniau

ανοιχτήρι κονσέρβας

clwt pot

γάντι φούρνου

sinc

νεροχύτης

brws

βούρτσα

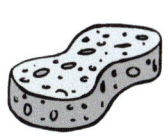

sbwng

σφουγγάρι

peiriant cymysgu

μπλέντερ

rhewgell

καταψύκτης

potel babi

μπιμπερό

tap

βρύση

cegin - κουζίνα

ystafell ymolchi

μπάνιο

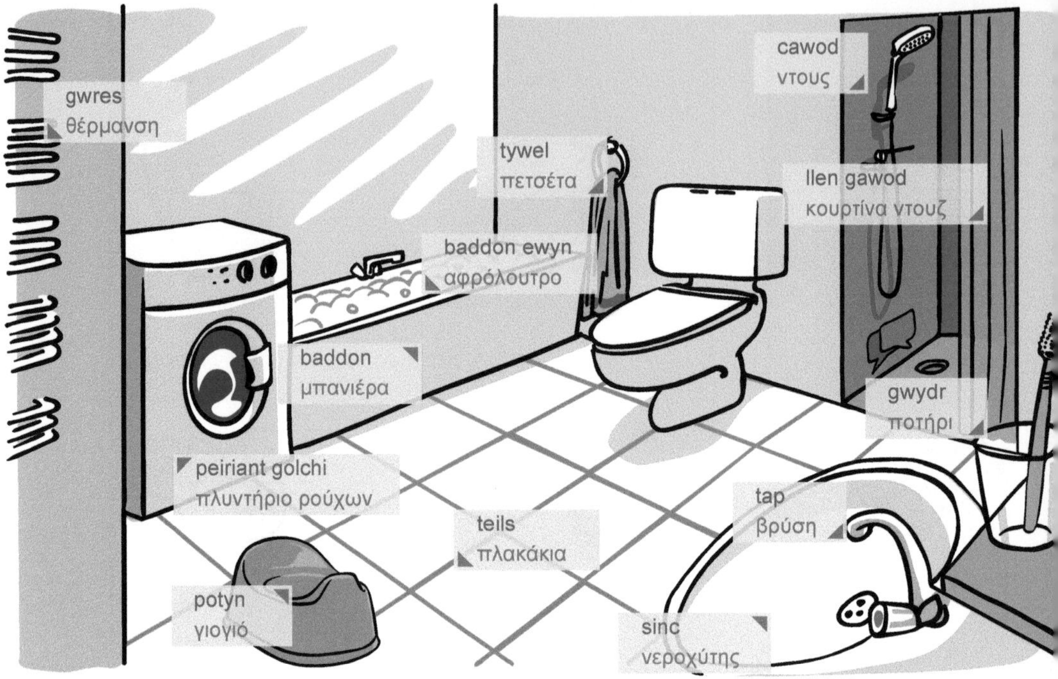

gwres
θέρμανση
tywel
πετσέτα
cawod
ντους
llen gawod
κουρτίνα ντουζ
baddon ewyn
αφρόλουτρο
baddon
μπανιέρα
gwydr
ποτήρι
peiriant golchi
πλυντήριο ρούχων
tap
βρύση
teils
πλακάκια
potyn
γιογιό
sinc
νεροχύτης

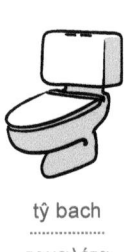

tŷ bach

τουαλέτα

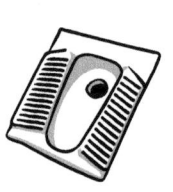

toiled cyrcydu

τούρκικη τουαλέτα

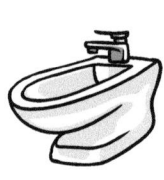

bidet

μπιντές

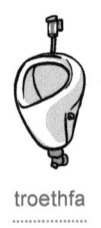

troethfa

ουρητήριο

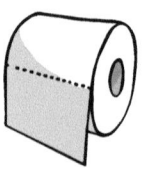

papur tŷ bach

χαρτί υγείας

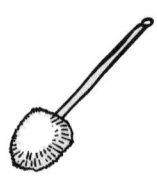

brws tŷ bach

πιγκάλ

brws dannedd

οδοντόβουρτσα

past dannedd

οδοντόκρεμα

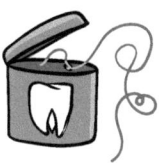

edau ddannedd

οδοντικό νήμα

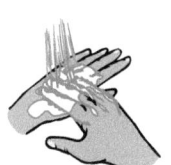

golchi

πλένω

cawod llaw

τηλέφωνο ντους

golchfa

ντουσιέρα

basn

λεκάνη

brws-ôl

βούρτσα πλάτης

sebon

σαπούνι

gel cawod

αφρόλουτρο

siampŵ

σαμπουάν

gwlanen

φανέλα

ffos

σιφόνι

hufen

κρέμα

diaroglydd

αποσμητικό

drych

καθρέφτης

drych llaw

καθρέφτης χειρός

rasel

ξυραφάκι

ewyn eillio

αφρός ξυρίσματος

sent eillio

αφτερσέιβ

crib

χτένα

brws

βούρτσα

sychwr gwallt

σεσουάρ

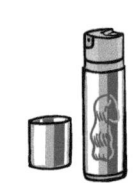

chwistrell gwallt

λακ

colur

μακιγιάζ

minlliw

κραγιόν

farnais ewinedd

βερνίκι νυχιών

gwlân cotwm

βαμβάκι

siswrn ewinedd

ψαλίδι νυχιών

persawr

άρωμα

bag ymolchi

νεσεσέρ

stôl

σκαμπό

clorian

ζυγαριά

gŵn baddon

μπουρνούζι

menig rwber

ελαστικά γάντια

tampon

ταμπόν

tywel misglwyf

πετσέτα υγιεινής

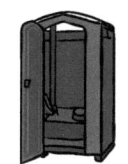

toiled cemegol

χημική τουαλέτα

ystafell plentyn
παιδικό δωμάτιο

cloc larwm
ξυπνητήρι
tegan anwes
λούτρινο ζωάκι
car tegan
αυτοκινητάκι
cleciwr
κουδουνίστρα
tŷ dol
κουκλόσπιτο
anrheg
δώρο

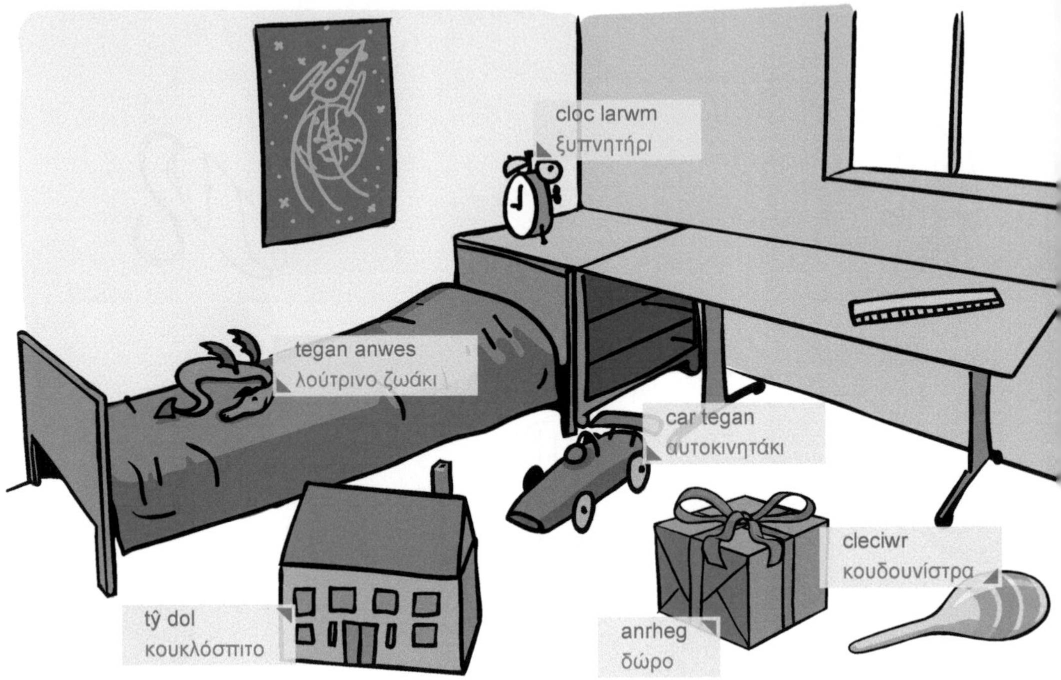

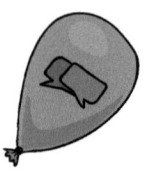

balŵn
μπαλόνι

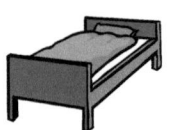

gwely
κρεβάτι

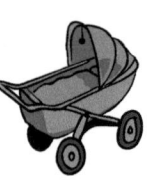

pram
καροτσάκι

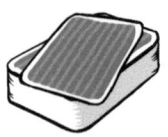

pecyn o gardiau
τράπουλα

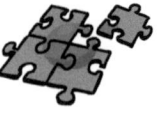

jig-so
παζλ

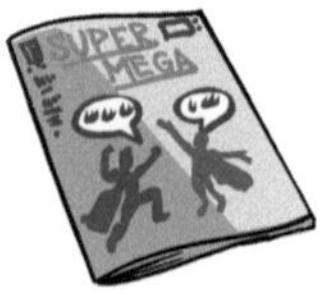

comic
κόμικς

brics Lego

τουβλάκια lego

blociau adeiladu

τουβλάκια κατασκευών

ffigur gweithredu

φιγούρα δράσης

babygro

βρεφικό φορμάκι

ffrisbi

φρίσμπι

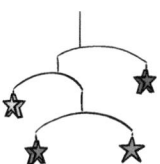

ffôn symudol

μόμπιλο

gêm fwrdd

επιτραπέζιο παιχνίδι

deis

ζάρια

set model trên

σετ τρενάκι

teth lwgu

πιπίλα

parti

πάρτι

llyfr lluniau

εικονογραφημένο βιβλίο

pêl

μπάλα

dol

κούκλα

chwarae

παίζω

pwll tywod

σκάμμα με άμμο

swing

κούνια

teganau

παιχνίδια

consol gemau fideo

κονσόλα βιντεοπαιχνιδιών

beic tair olwyn

τρίκυκλο

tedi

αρκουδάκι

cwpwrdd dillad

ντουλάπα

dillad

ρούχα

hosanau

κάλτσες

hosanau

καλτσοδέτες

teits

καλσόν

sgarff
κασκόλ

ymbarél
ομπρέλα

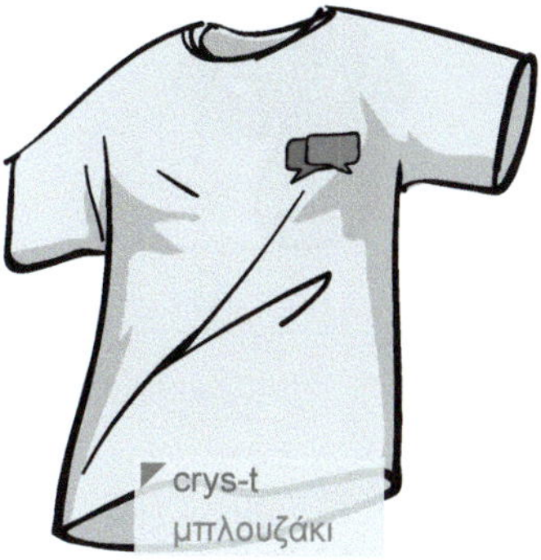

crys-t
μπλουζάκι

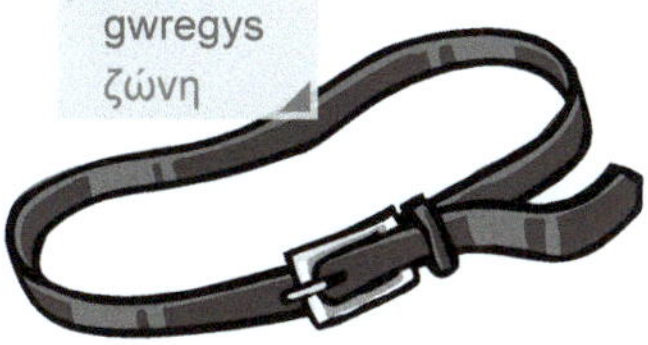

gwregys
ζώνη

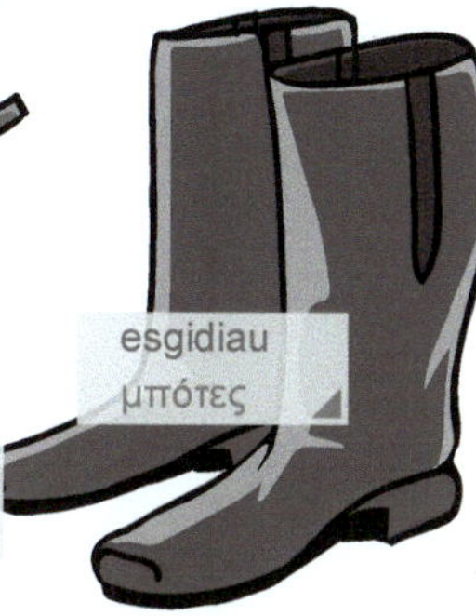

esgidiau
μπότες

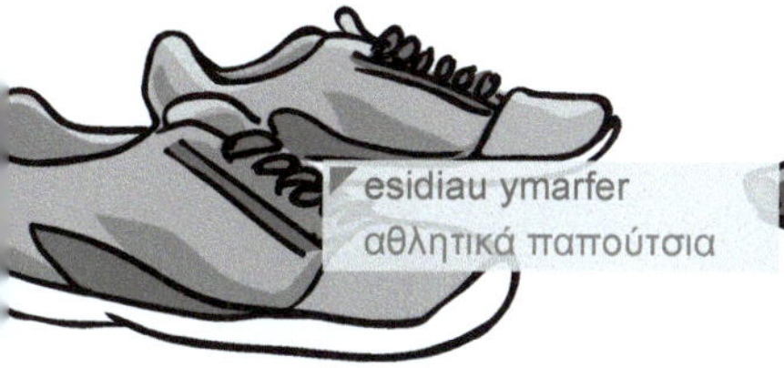

sliperi
παντόφλες

esidiau ymarfer
αθλητικά παπούτσια

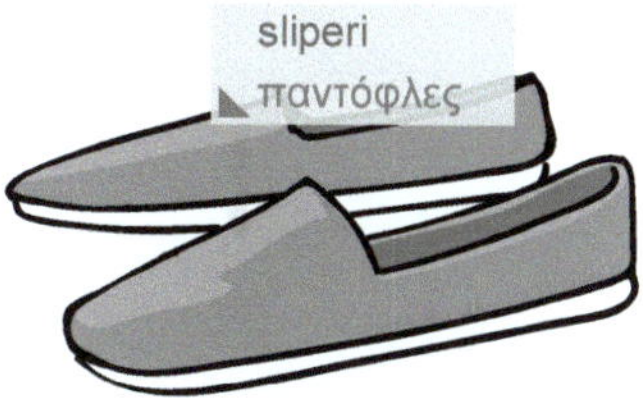

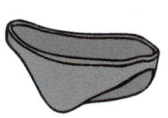

sandalau
σανδάλια

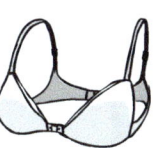

esgidiau
παπούτσια

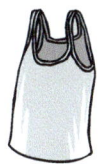

esgidiau rwber
γαλότσες

trôns
εσώρουχο

bra
σουτιέν

fest
φανέλα

corff

σώμα

trowsus

παντελόνι

jîns

τζιν παντελόνι

sgert

φούστα

blows

μπλούζα

crys

πουκάμισο

pwlofer

πουλόβερ

hwdi

πουλόβερ

blaser

σακάκι

siaced

μπουφάν

côt

παλτό

côt law

αδιάβροχο πανωφόρι

gwisg

κοστούμι

gŵn

φόρεμα

gwisg briodas

νυφικό

siwt

κοστούμι

gŵn nos

νυχτικό

pyjamas

πιτζάμες

sari

σάρι

sgarff pen

μαντήλι

tyrban

τουρμπάνι

bwrca

μπούρκα

cafftan

καφτάνι

abaya

μουσουλμανικό ένδυμα

gwisg nofio

ολόσωμο μαγιό

trowsus nofio

ανδρικό μαγιό

siorts

σορτς

tracwisg

αθλητική φόρμα

ffedog

ποδιά

menig

γάντια

botwm

κουμπί

sbectol

γυαλιά

breichled

βραχιόλι

cadwyn

περιδέραιο

modrwy

δαχτυλίδι

clustdlws

σκουλαρίκι

cap

καπέλο

cambren

κρεμάστρα

het

καπέλο

tei

γραβάτα

sip

φερμουάρ

helmed

κράνος

fframiau danedd

τιράντες

gwisg ysgol

μαθητική στολή

gwisg

στολή

bib
σαλιάρα

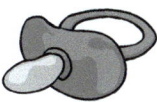

teth lwgu
πιπίλα

cewyn
πάνα

swyddfa
γραφείο

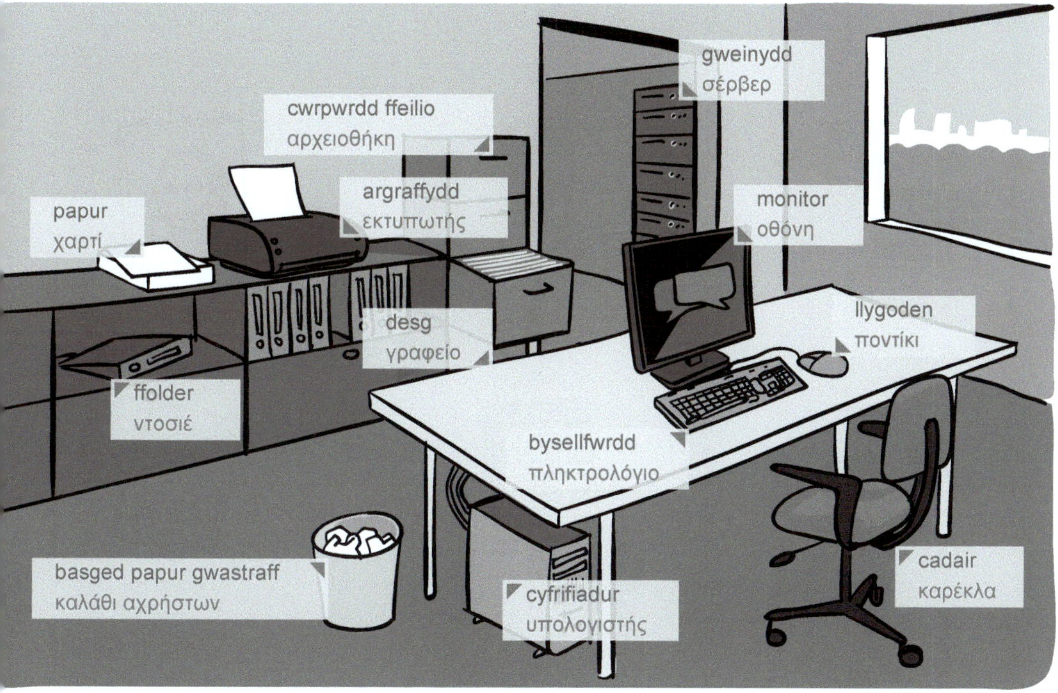

cwrpwrdd ffeilio
αρχειοθήκη

gweinydd
σέρβερ

argraffydd
εκτυπωτής

monitor
οθόνη

papur
χαρτί

desg
γραφείο

llygoden
ποντίκι

ffolder
ντοσιέ

bysellfwrdd
πληκτρολόγιο

basged papur gwastraff
καλάθι αχρήστων

cadair
καρέκλα

cyfrifiadur
υπολογιστής

mwg coffi
κούπα του καφέ

cyfrifiannell
κομπιουτεράκι

rhyngrwyd
ίντερνετ

gliniadur

λάπτοπ

llythyr

γράμμα

neges

μήνυμα

ffôn symudol

κινητό

rhwydwaith

δίκτυο

llungopïwr

φωτοτυπικό μηχάνημα

meddalwedd

λογισμικό

teleffon

τηλέφωνο

soced plwg

πρίζα

peiriant ffacs

συσκευή φαξ

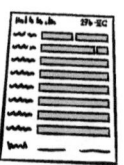

ffurflen

έντυπο

dogfen

έγγραφο

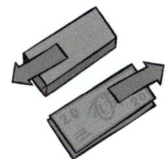

prynu

αγοράζω

talu

πληρώνω

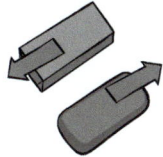

masnachu

συναλλάσσομαι

arian

χρήματα

doler

δολάριο

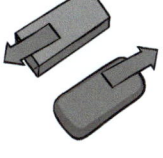

ewro

ευρώ

yen

γιεν

rwbl

ρούβλι

ffranc y Swistir

ελβετικό φράγκο

yuan renminbi

ρενμίνμπι γιουάν

rwpi

ρουπία

peiriant arian

ATM (αυτόματη ταμειακή μηχανή)

swyddfa gyfnewid

ανταλλακτήρια
συναλλάγματος

aur

χρυσός

arian

ασήμι

olew

πετρέλαιο

ynni

ενέργεια

pris

τιμή

contract

συμβόλαιο

treth

φόρος

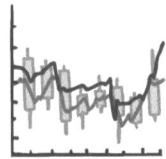

stoc

μετοχή

gweithio

δουλεύω

cyflogai

υπάλληλος

cyflogwr

εργοδότης

ffatri

εργοστάσιο

siop

κατάστημα

swyddi
επαγγέλματα

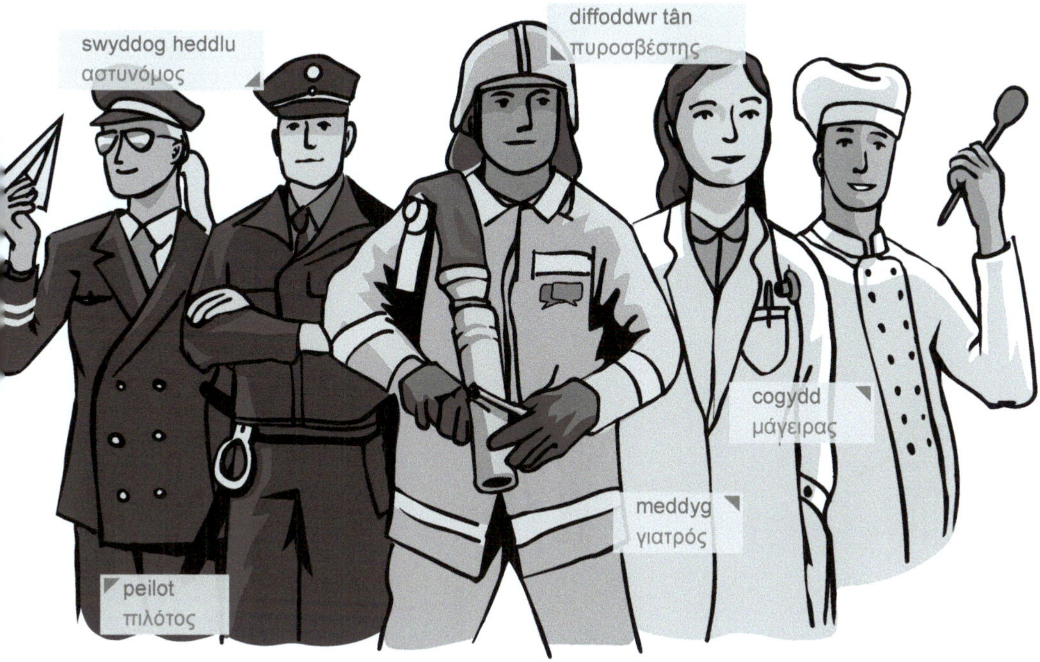
diffoddwr tân
πυροσβέστης
swyddog heddlu
αστυνόμος
cogydd
μάγειρας
meddyg
γιατρός
peilot
πιλότος

garddwr
κηπουρός

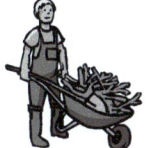

saer
ξυλουργός

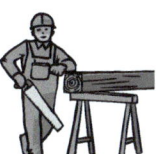

gwniadwraig
μοδίστρα

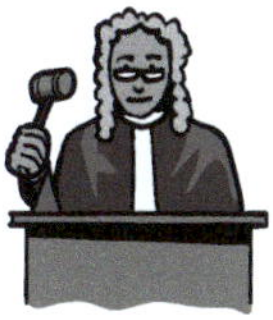

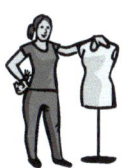

barnwr
δικαστής

fferyllydd
χημικός

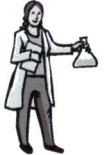

actor
ηθοποιός

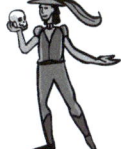

gyrrwr bws

οδηγός λεωφορείου

gyrrwr tacsi

ταξιτζής

pysgotwr

ψαράς

glanhawraig

καθαρίστρια

töwr

τεχνίτης στεγών

gweinydd

σερβιτόρος

heliwr

κυνηγός

paentiwr

ζωγράφος

pobydd

αρτοποιός

trydanwr

ηλεκτρολόγος

adeiladwr

οικοδόμος

peiriannydd

μηχανολόγος

cigydd

κρεοπώλης

plymiwr

υδραυλικός

dyn y post

ταχυδρόμος

milwr

στρατιώτης

pensaer

αρχιτέκτονας

ariannwr

ταμίας

gwerthwr blodau

ανθοπώλης

triniwr gwallt

κομμωτής

archwiliwr tocynnau rheilffordd

ελεγκτής εισιτηρίων

mecanydd

μηχανικός

capten

καπετάνιος

deintydd

οδοντίατρος

gwyddonydd

επιστήμονας

rabi

ραβίνος

imam

ιμάμης

mynach

μοναχός

clerigwr

ιερέας

offer

εργαλεία

gefail
πένσα
morthwyl
σφυρί
tyrnsgriw
κατσαβίδι
fflashlamp
φακός
sbaner
Γαλλικό κλειδί

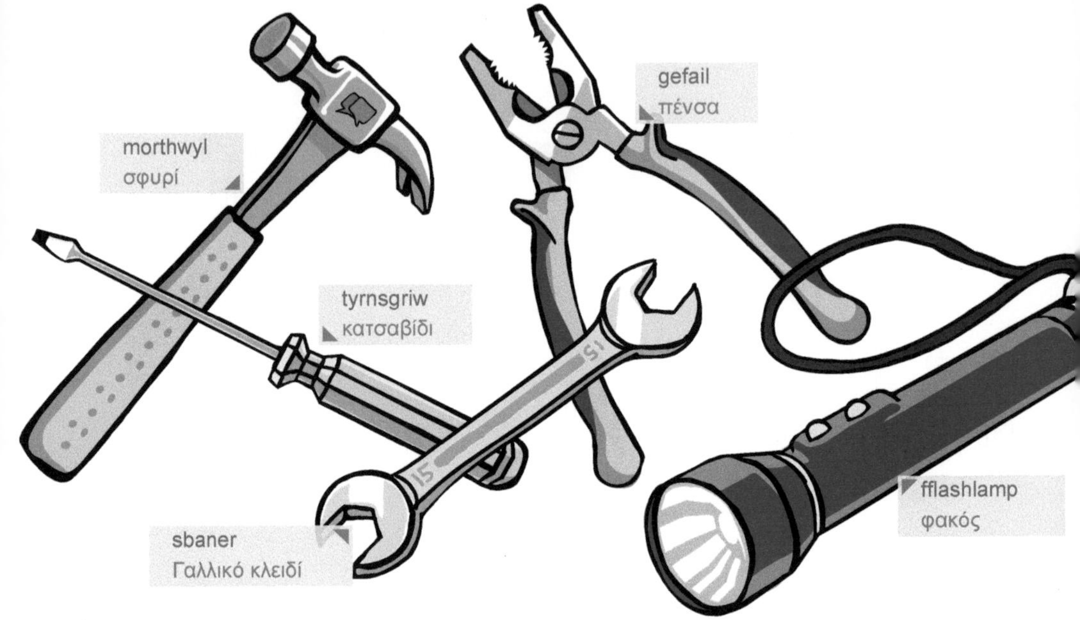

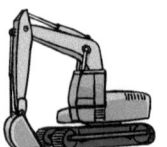

turiwr

εκσκαφέας

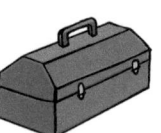

blwch offer

εργαλειοθήκη

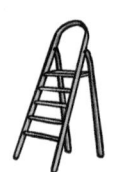

ysgol

σκάλα

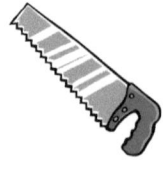

llif

πριόνι

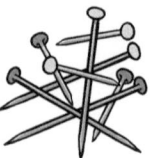

hoelion

καρφιά

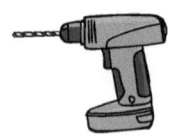

dril

τρυπάνι

trwsio

επισκευάζω

rhaw

φτυάρι

Daria!

Να πάρει!

rhaw lwch

φαράσι

pot paent

δοχείο χρωμάτων

sgriwiau

βίδες

offerynnau cerdd
μουσικά όργανα

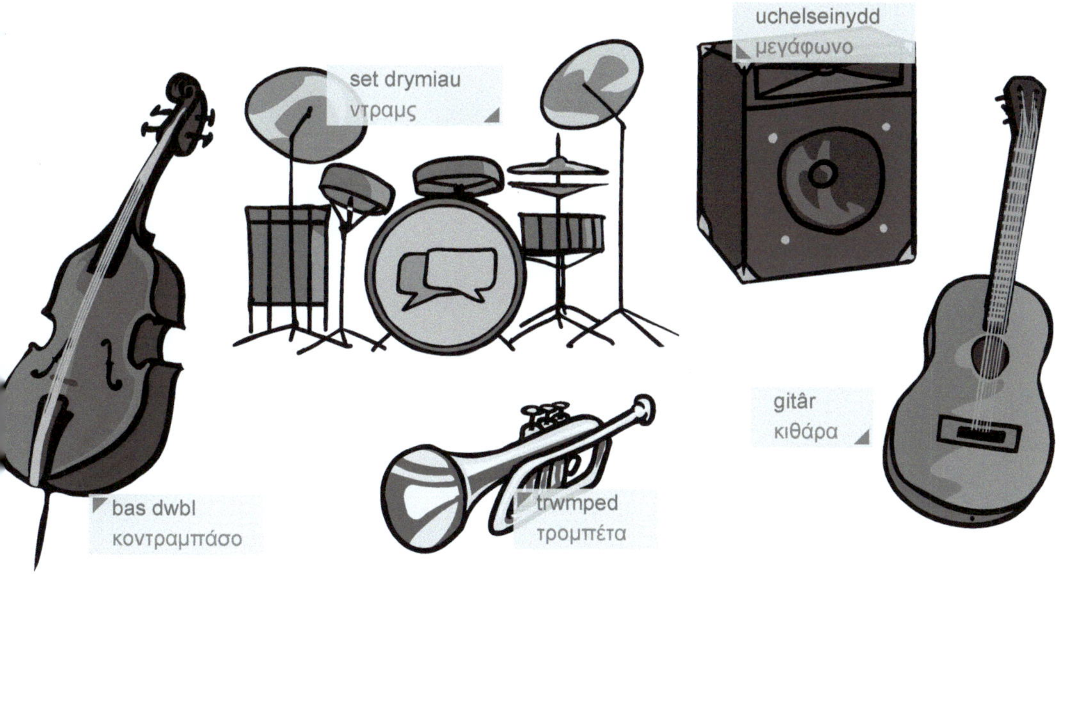

set drymiau
ντραμς

uchelseinydd
μεγάφωνο

gitâr
κιθάρα

bas dwbl
κοντραμπάσο

trwmped
τρομπέτα

piano

πιάνο

ffidil

βιολί

bas

μπάσο

timpani

τύμπανα

drymiau

τύμπανο

cyweirfwrdd

πλήκτρα

sacsoffon

σαξόφωνο

ffliwt

φλάουτο

meicroffon

μικρόφωνο

ζωολογικός κήπος

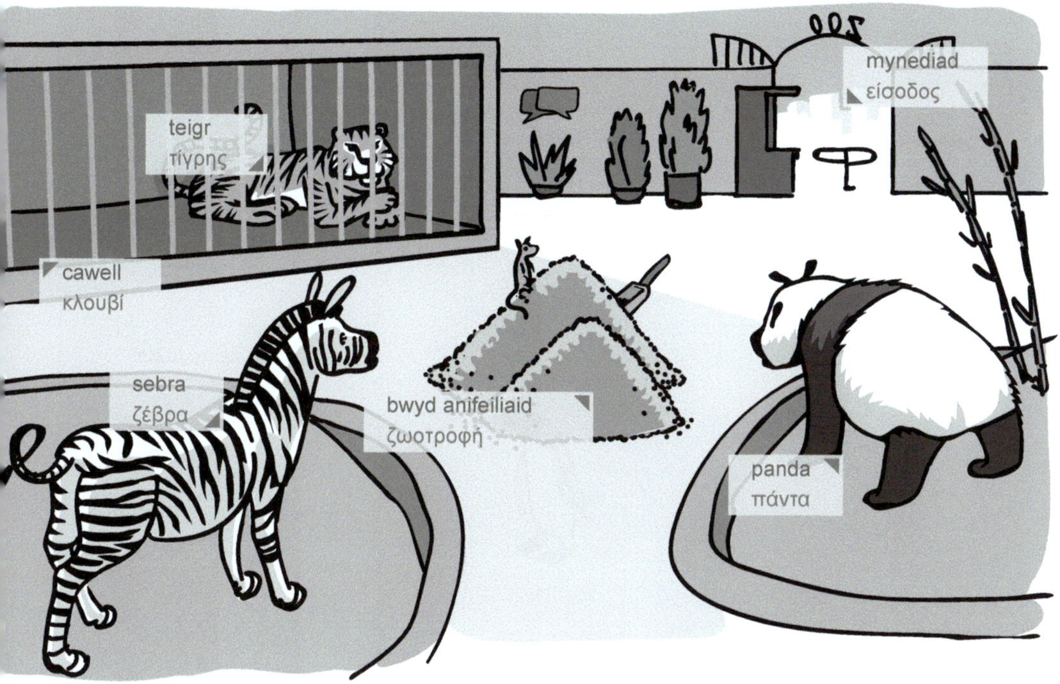
mynediad
είσοδος
teigr
τίγρης
cawell
κλουβί
sebra
ζέβρα
bwyd anifeiliaid
ζωοτροφή
panda
πάντα

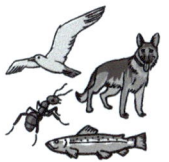

anifeiliaid

ζώα

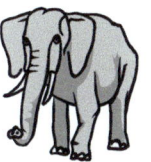

eliffant

ελέφαντας

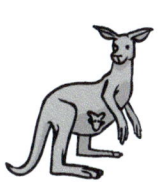

cangarŵ

καγκουρό

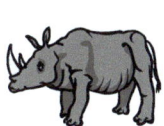

rhinoseros

ρινόκερος

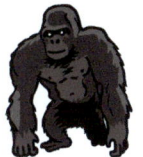

gorila

γορίλας

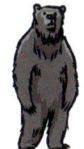

arth

αρκούδα

camel

καμήλα

estrys

στρουθοκάμηλος

llew

λιοντάρι

mwnci

πίθηκος

fflamingo

φλαμίνγκο

parot

παπαγάλος

arth wen

πολική αρκούδα

pengwin

πιγκουίνος

siarc

καρχαρίας

paun

παγώνι

neidr

φίδι

crocodeil

κροκόδειλος

gofalwr sŵ

φύλακας ζωολογικού κήπου

morlo

φώκια

jagwar

τζάγκουαρ

merlyn

πόνυ

llewpard

λεοπάρδαλη

hipo

ιπποπόταμος

jiráff

καμηλοπάρδαλη

eryr

αετός

baedd

αγριογούρουνο

pysgodyn

ψάρι

crwban

χελώνα

walrws

θαλάσσιος ίππος

llwynog

αλεπού

gafrewig

γαζέλα

pêl-droed America
Αμερικάνικο ποδόσφαιρο

beicio
ποδηλασία

tennis
αντισφαίριση

pêl-fasged
μπάσκετ

nofio
κολύμβηση

hoci iâ
χόκεϋ επί πάγου

bocsio
πυγχαμία

pêl-droed

ποδόσφαιρο

badminton

μπάντμιντον

athletau

στίβος

pêl-law

χάντμπολ

sgïo

σκι

polo

πόλο

gweithgareddau
δραστηριότητες

chwerthin
γελάω
neidio
πηδάω
cofleidio
αγκαλιάζω
cerdded
περπατάω
canu
τραγουδάω
breuddwydio
ονειρεύομαι
gweddïo
προσεύχομαι
cusanu
φιλάω

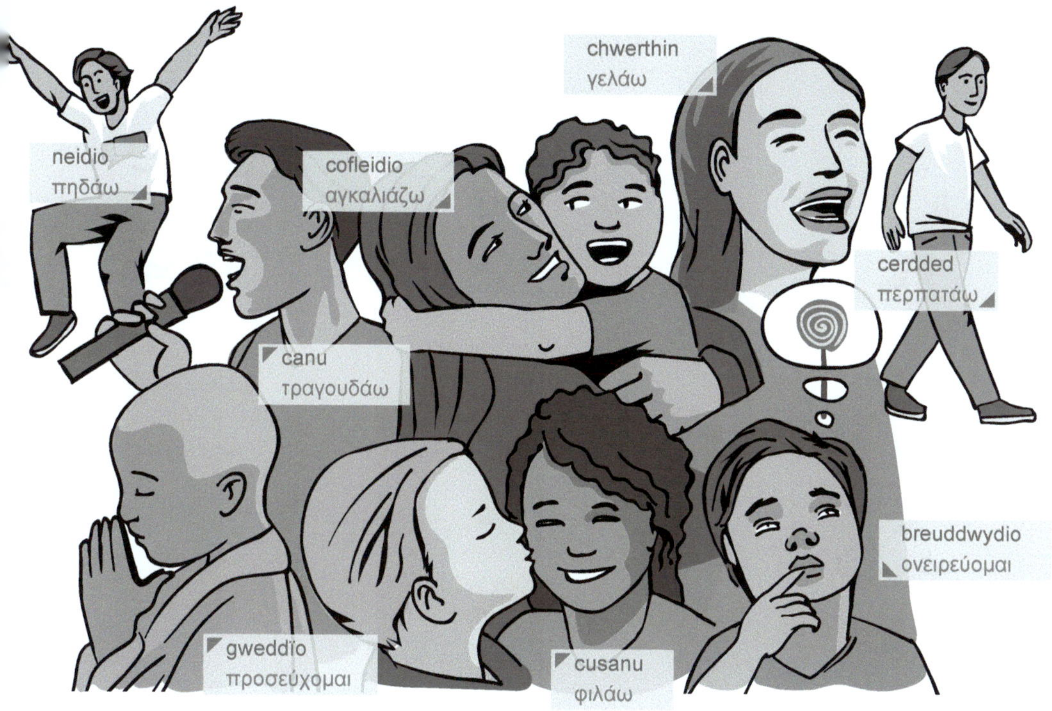

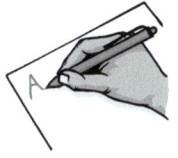

ysgrifennu
γράφω

tynnu
σχεδιάζω

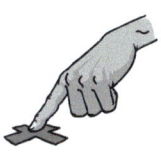

dangos
δείχνω

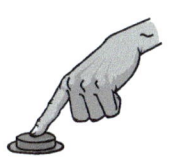

gwthio
πιέζω

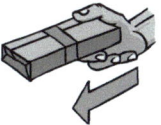

rhoi
δίνω

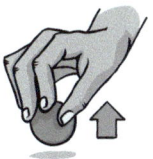

cymryd
παίρνω

bod gan

έχω

gwneud

κάνω

bod

είμαι

sefyll

στέκομαι

rhedeg

τρέχω

tynnu

τραβάω

taflu

ρίχνω

disgyn

πέφτω

gorwedd

ξαπλώνω

aros

περιμένω

cario

κουβαλώ

eistedd

κάθομαι

gwisgo amdanoch

φοράω

cysgu

κοιμάμαι

deffro

ξυπνάω

edrych ar

κοιτάω

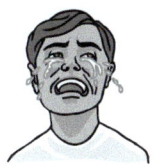

crïo

κλαίω

anwesu

χαϊδεύω

cribo

χτενίζω

siarad

μιλάω

deall

καταλαβαίνω

gofyn

ρωτάω

gwrando

ακούω

yfed

πίνω

bwyta

τρώω

tacluso

συγυρίζω

caru

αγαπάω

coginio

μαγειρεύω

gyrru

οδηγώ

hedfan

πετάω

hwylio

κάνω ιστιοπλοΐα

cyfrifo

υπολογίζω

darllen

διαβάζω

dysgu

μαθαίνω

gweithio

δουλεύω

priodi

παντρεύομαι

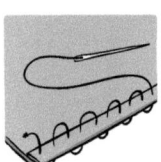

gwnïo

ράβω

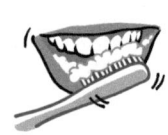

brwsio dannedd

βουρτσίζω τα δόντια

lladd

σκοτώνω

ysmygu

καπνίζω

anfon

στέλνω

teulu
οικογένεια

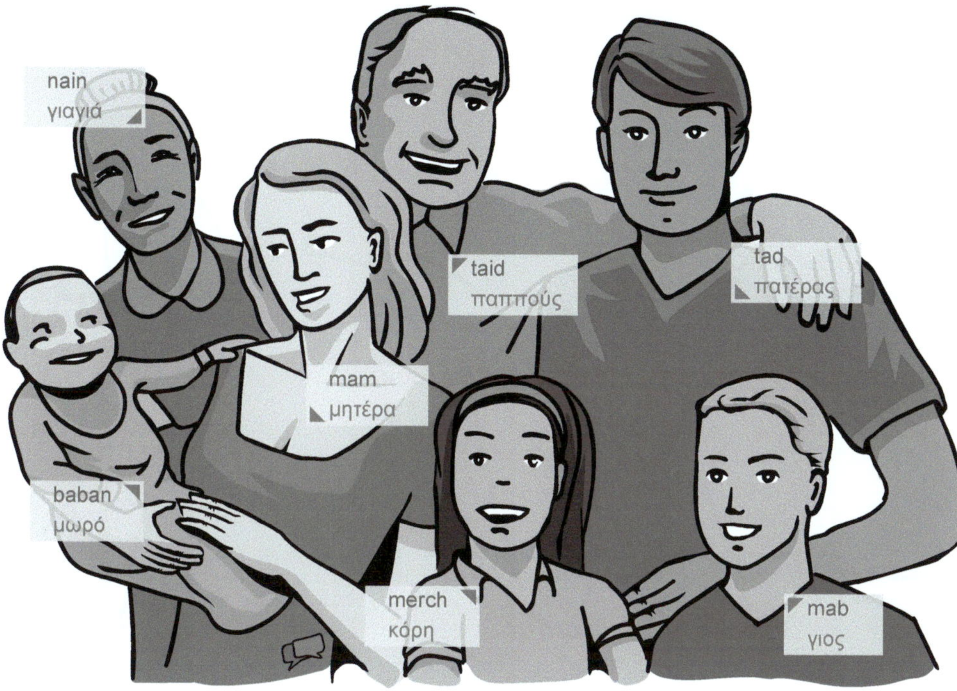
nain
γιαγιά
taid
παππούς
tad
πατέρας
mam
μητέρα
baban
μωρό
merch
κόρη
mab
γιος

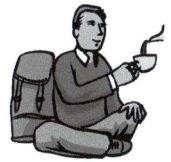

gwestai

καλεσμένος

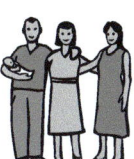

modryb

θεία

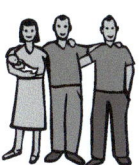

ewythr

θείος

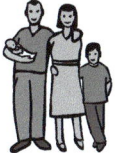

brawd

αδελφός

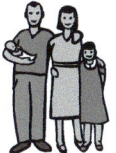

chwaer

αδελφή

corff

σώμα

talcen
μέτωπο
llygad
μάτι
ysgwydd
ώμος
bys
δάχτυλο
wyneb
πρόσωπο
gên
πιγούνι
llaw
χέρι
coes
πόδι
bron
στήθος
braich
βραχίονας

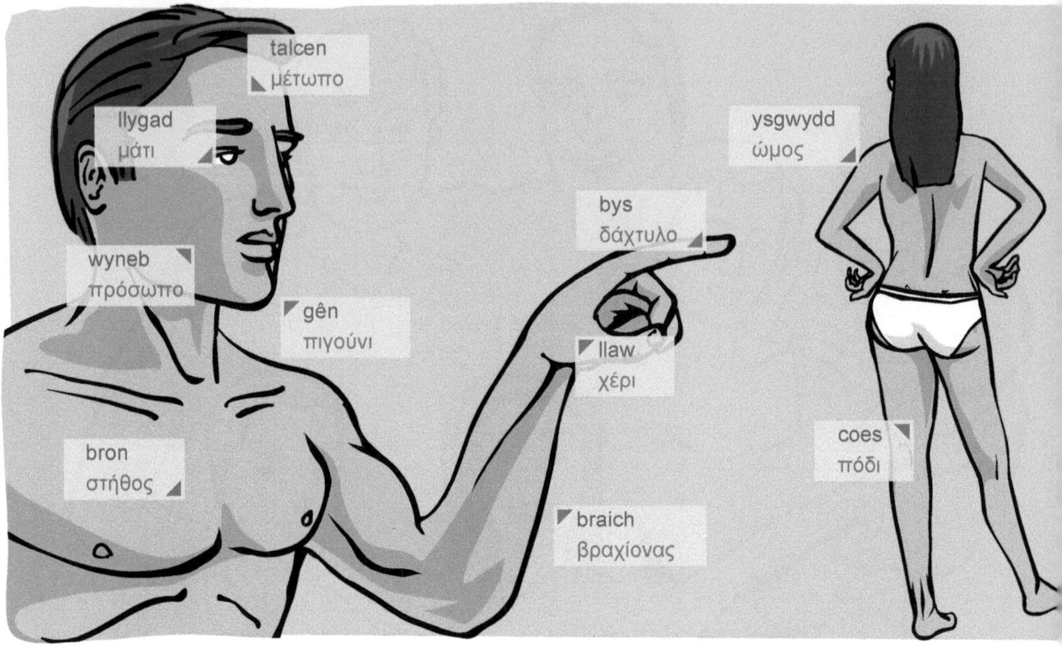

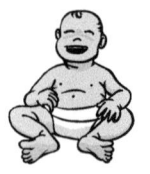

baban

μωρό

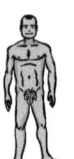

dyn

άνδρας

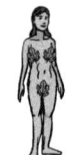

gwraig

γυναίκα

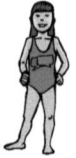

geneth

κορίτσι

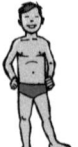

bachgen

αγόρι

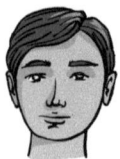

pen

κεφάλι

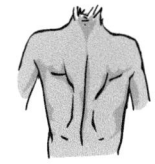

cefn

πλάτη

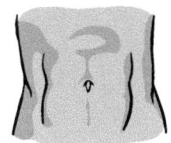

bel

κοιλιά

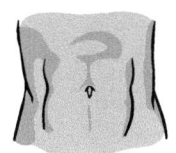

bogail

αφαλός

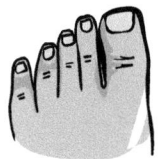

bys troed

δάχτυλο ποδιού

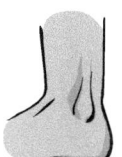

sawdl

φτέρνα

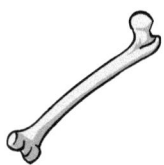

asgwrn

κόκκαλο

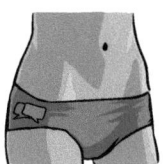

clun

γοφός

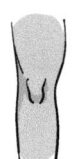

pen-glin

γόνατο

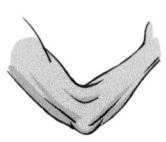

penelin

αγκώνας

trwyn

μύτη

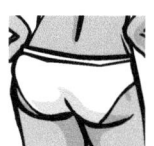

pen ôl

γλουτός

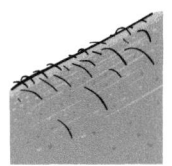

croen

δέρμα

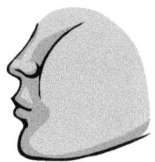

boch

μάγουλο

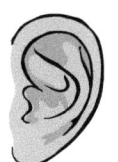

clust

αυτί

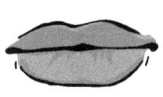

gwefus

χείλος

corff - σώμα

ceg

στόμα

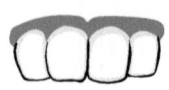

dant

δόντι

tafod

γλώσσα

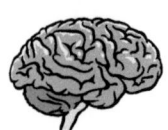

ymennydd

εγκέφαλος

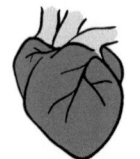

calon

καρδιά

cyhyr

μυς

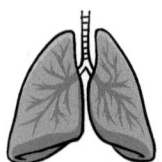

ysgyfaint

πνεύμονας

iau

συκώτι

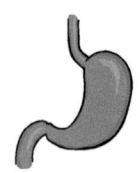

stumog

στομάχι

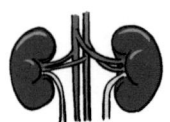

arennau

νεφρά

rhyw

σεξουαλική επαφή

condom

προφυλακτικό

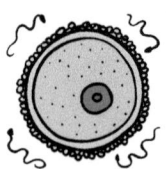

ofwm

ωάριο

semen

σπέρμα

beichiogrwydd

εγκυμοσύνη

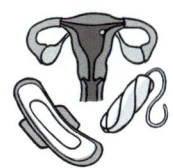

mislif

περίοδος

fagina

γυναικείος κόλπος

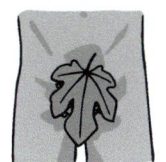

pidyn

πέος

ael

φρύδι

gwallt

μαλλιά

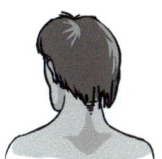

gwddf

λαιμός

ysbyty
νοσοκομείο

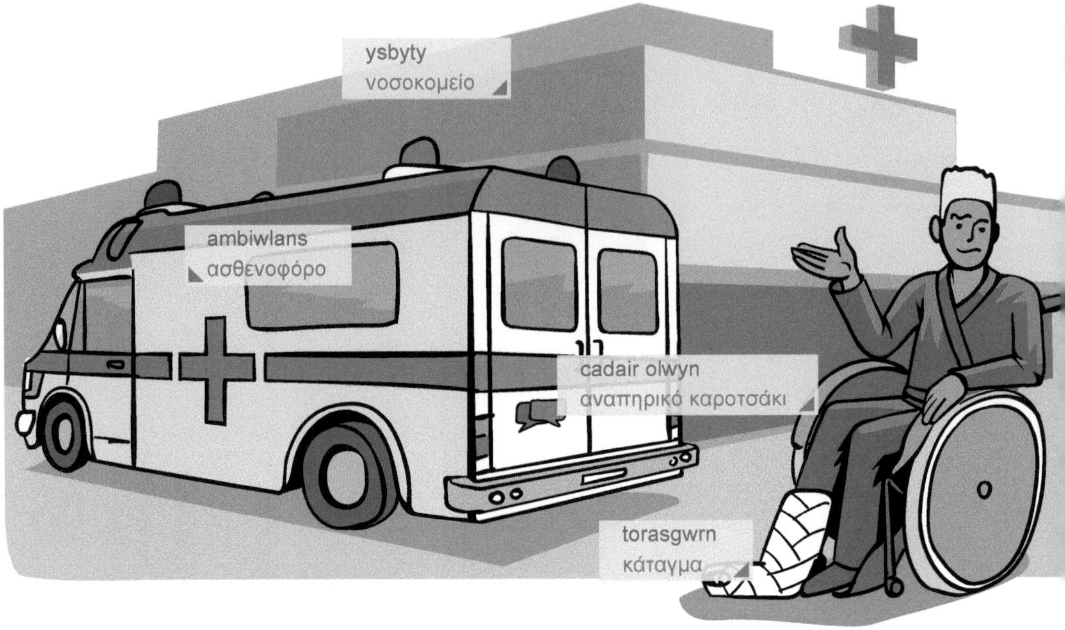

ysbyty
νοσοκομείο
ambiwlans
ασθενοφόρο
cadair olwyn
αναπηρικό καροτσάκι
torasgwrn
κάταγμα

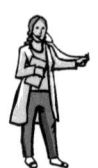

meddyg

γιατρός

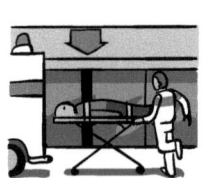

ystafell argyfwng

μονάδα εντατικής θεραπείας

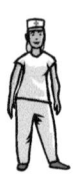

nyrs

νοσοκόμα

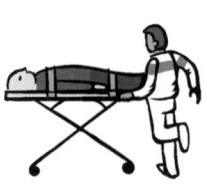

argyfwng

έκτακτη ανάγκη

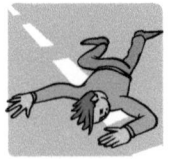

anymwybodol

λιπόθυμος

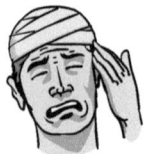

poen

πόνος

anaf

τραύμα

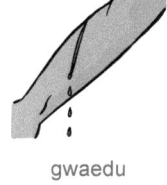
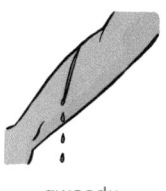
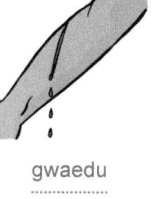

gwaedu

αιμορραγία

trawiad ar y galon

έμφραγμα

strôc

εγκεφαλικό

alergedd

αλλεργία

peswch

βήχας

twymyn

πυρετός

ffliw

γρίπη

dolur rhydd

διάρροια

cur pen

πονοκέφαλος

canser

καρκίνος

diabetes

διαβήτης

llawfeddyg

χειρουργός

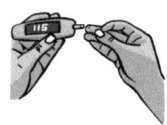

fflaim

νυστέρι

gweithrediad

εγχείρηση

CT
αξονική τομογραφία

pelydr-x
ακτινογραφία

uwchsain
υπέρηχος

mwgwd wyneb
μάσκα

clefyd
ασθένεια

ystafell aros
αίθουσα αναμονής

bagl
πατερίτσα

plastr
χάνσαπλαστ

rhwymyn
επίδεσμος

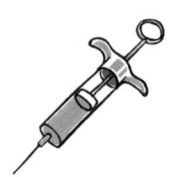

pigiad
ένεση

stethosgop
στηθοσκόπιο

elorwely
φορείο

thermomedr clinigol
θερμόμετρο

genedigaeth
γέννηση

dros bwysau
υπέρβαρο

cymorth clyw

ακουστικό βαρηκοΐας

diheintydd

αντισηπτικό

haint

λοίμωξη

firws

ιός

HIV / AIDS

HIV/AIDS

meddygaeth

φάρμακο

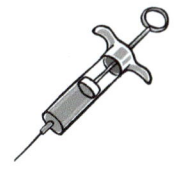

brechiad

εμβολιασμός

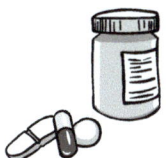

tabledi

δισκία

y bilsen

χάπι

galwad frys

κλήση έκτακτης ανάγκης

monitor pwysau gwaed

πιεσόμετρο αίματος

yn sâl / yn iach

άρρωστος / υγιής

Help!

Βοήθεια!

larwm

συναγερμός

ymosodiad

βιαιοπραγία

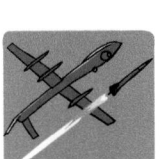

ymosodiad

επίθεση

perygl

κίνδυνος

allanfa argyfwng

έξοδος κινδύνου

Tân!

Φωτιά!

diffoddwr tân

πυροσβεστήρας

damwain

ατύχημα

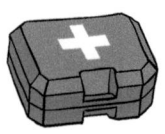

pecyn cymorth cyntaf

κουτί πρώτων βοηθειών

SOS

SOS

heddlu

αστυνομία

Ewrop

Ευρώπη

Gogledd America

Βόρεια Αμερική

De America

Νότια Αμερική

Affrica

Αφρική

Asia

Ασία

Awstralia

Αυστραλία

Iwerydd

Ατλαντικός Ωκεανός

y Môr Tawel

Ειρηνικός Ωκεανός

Cefnfor yr India

Ινδικός Ωκεανός

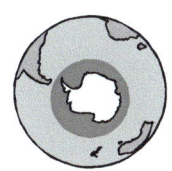

Cefnfor yr Antarctig

Ανταρκτικός Ωκεανός

Cefnfor yr Arctig

Αρκτικός Ωκεανός

Pegwn y Gogledd

Βόρειος Πόλος

Pegwn y De

Νότιος Πόλος

Antarctica

Ανταρκτική

y Ddaear

Γη

tir

γη

môr

θάλασσα

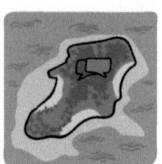

ynys

νησί

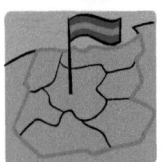

cenedl

έθνος

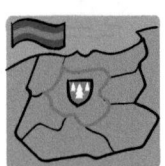

gwladwriaeth

πολιτεία

wyneb cloc

καντράν ρολογιού

bys awr

ωροδείκτης

bys munud

λεπτοδείκτης

bys eiliad

δείκτης δευτερολέπτων

Faint o'r gloch yw hi?

Τι ώρα είναι;

dydd

ημέρα

amser

χρόνος

yn awr

τώρα

cloc digidol

ψηφιακό ρολόι

munud

λεπτό

awr

ώρα

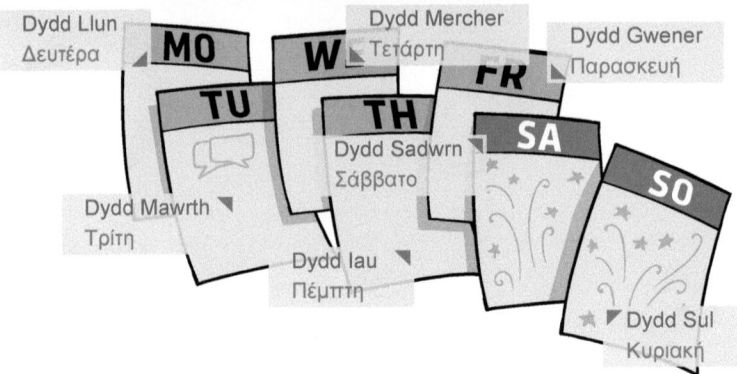

Dydd Llun
Δευτέρα

Dydd Mercher
Τετάρτη

Dydd Gwener
Παρασκευή

Dydd Mawrth
Τρίτη

Dydd Sadwrn
Σάββατο

Dydd Iau
Πέμπτη

Dydd Sul
Κυριακή

ddoe

χθες

heddiw

σήμερα

yfory

αύριο

bore

πρωί

canol dydd

μεσημέρι

noswaith

βράδυ

diwrnodiau busnes

εργάσιμες ημέρες

penwythnos

Σαββατοκύριακο

blwyddyn
έτος

glaw
βροχή
enfys
ουράνιο τόξο
eira
χιόνι
gwynt
άνεμος
gwanwyn
άνοιξη
hydref
φθινόπωρο
haf
καλοκαίρι
gaeaf
χειμώνας

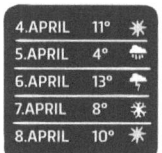

4.APRIL 11°
5.APRIL 4°
6.APRIL 13°
7.APRIL 8°
8.APRIL 10°

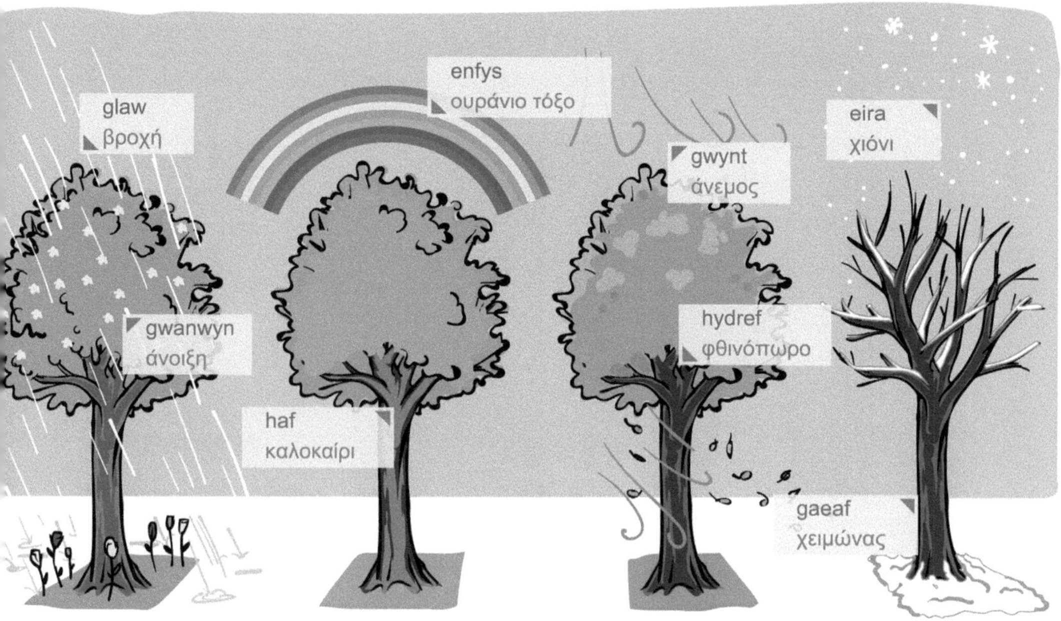

rhagolygon y tywydd

πρόγνωση καιρού

F C
120 40
90 30
60 20
30 10
0 0
-30 -10
-20

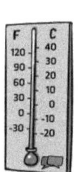

thermomedr

θερμόμετρο

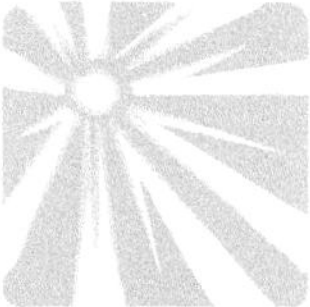

heulwen

λιακάδα

cwmwl

σύννεφο

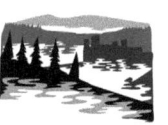

niwl tew

ομίχλη

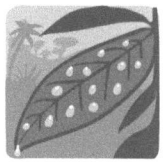

lleithder

υγρασία

mellt

αστραπή

taranau

κεραυνός

storm

καταιγίδα

cenllysg

χαλάζι

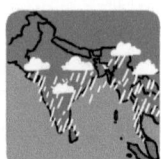

monsŵn

μουσώνας

llif

πλημμύρα

iâ

πάγος

Ionawr

Ιανουάριος

Chwefror

Φεβρουάριος

Mawrth

Μάρτιος

Ebrill

Απρίλιος

Mai

Μάιος

Mehefin

Ιούνιος

Gorffennaf

Ιούλιος

Awst

Αύγουστος

Medi

Σεπτέμβριος

Hydref

Οκτώβριος

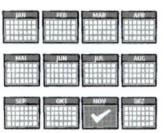

Tachwedd

Νοέμβριος

Rhagfyr

Δεκέμβριος

siapiau

σχήματα

cylch

κύκλος

sgwâr

τετράγωνο

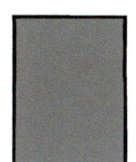

petryal

ορθογώνιο
παραλληλόγραμμο

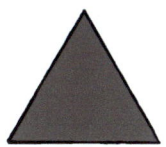

triongl

τρίγωνο

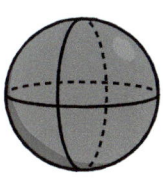

sffêr

σφαίρα

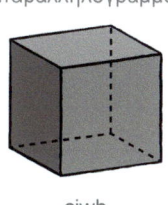

ciwb

κύβος

gwyn

άσπρο

melyn

κίτρινο

oren

πορτοκαλί

pinc

ροζ

coch

κόκκινο

porffor

μωβ

glas

μπλε

gwyrdd

πράσινο

brown

καφέ

llwyd

γκρι

du

μαύρο

llawer / ychydig

πολύ / λίγο

dig / tawel

θυμωμένος / ήρεμος

hardd / hyll

όμορφος / άσχημος

dechrau / diwedd

αρχή / τέλος

mawr / bach

μεγάλος / μικρός

llachar / tywyll

φωτεινός / σκοτεινός

brawd / chwaer

αδελφός / αδελφή

glân / budr

καθαρός / λερωμένος

gyflawn / anghyflawn

πλήρης / ατελής

dydd / nos

ημέρα / νύχτα

farw / yn fyw

νεκρός / ζωντανός

eang / cul

φαρδύς / στενός

bwytadwy / anfwytadwy

βρώσιμος / μη βρώσιμος

drwg / caredig

κακός / ευγενικός

llawn cyffro / diflasu

ενθουσιασμένος /
βαριεστημένος

tew / tenau

παχύς / λεπτός

cyntaf / olaf

πρώτος / τελευταίος

cyfaill / gelyn

φίλος / εχθρός

llawn / gwag

γεμάτος / άδειος

caled / meddal

σκληρός / μαλακός

trwm / ysgafn

βαρύς / ελαφρύς

wedi newynnu / yn sychedig

πείνα / δίψα

yn sâl / yn iach

άρρωστος / υγιής

anghyfreithlon / cyfreithiol

παράνομος / νόμιμος

deallus / twp

έξυπνος / χαζός

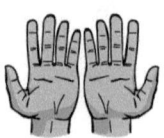

chwith / dde

αριστερός / δεξιός

agos / pell

κοντινός / μακρινός

newydd / wedi'i ddefnyddio

καινούριος /
μεταχειρισμένος

ymlaen / i ffwrdd

αναμμένος / σβηστός

cyfoethog / tlawd

πλούσιος / φτωχός

trist / hapus

λυπημένος / χαρούμενος

gwlyb / sych

υγρός / στεγνός

dim / rhywbeth

τίποτα / κάτι

ar agor / ar gau

ανοιχτός / κλειστός

cywir / anghywir

σωστός / λανθασμένος

byr / hir

κοντός / μακρύς

cynnes / claear

ζεστός / δροσερός

hen / ifanc

γέρος | νέος

tawel / uchel

χαμηλόφωνος /
μεγαλόφωνος

garw / llyfn

τραχύς / λείος

araf / cyflym

αργός / γρήγορος

rhyfel / heddwch

πόλεμος / ειρήνη

0

sero

μηδέν

1

un

ένα

2

dau

δύο

3

tri

τρία

4

pedwar

τέσσερα

5

pump

πέντε

6

chwech

έξι

7

saith

εφτά

8

wyth

οκτώ

9

naw

εννιά

10

deg

δέκα

11

un deg un

έντεκα

12

un deg dau
δώδεκα

13

un deg tri
δεκατρία

14

un deg pedwar
δεκατέσσερα

15

un deg pump
δεκαπέντε

16

un deg chwech
δεκαέξι

17

un deg saith
δεκαεφτά

18

un deg wyth
δεκαοκτώ

19

un deg naw
δεκαεννέα

20

dau ddeg
είκοσι

100

cant
εκατό

1.000

mil
χίλια

1.000.000

miliwn
εκατομμύριο

Saesneg

Αγγλικά

Saesneg America

Αμερικάνικα Αγγλικά

Tsieinëeg Mandarin

Μανδαρίνικα Κινέζικα

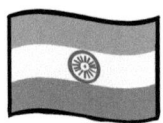

Hindi

Χίντι

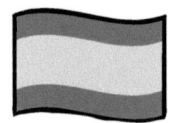

Sbaeneg

Ισπανικά

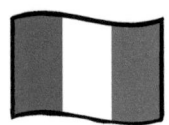

Ffrangeg

Γαλλικά

Arabeg

Αραβικά

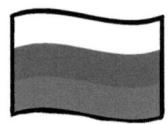

Rwseg

Ρώσικα

Portiwgaleg

Πορτογαλικά

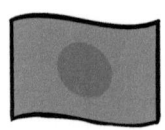

Bengali

Μπενγκάλι

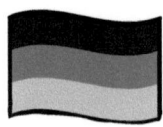

Almaeneg

Γερμανικά

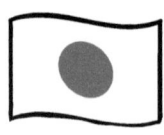

Siapanaeg

Ιαπωνικά

fi

εγώ

ti

εσύ

ef / hi

αυτός / αυτή / αυτό

ni

εμείς

chi

εσείς

nhw

αυτοί / αυτές / αυτά

pwy?

ποιος / ποια / ποιο;

beth?

τι;

sut?

πώς;

ble?

πού;

pryd?

πότε;

enw

όνομα

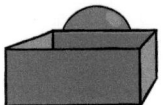

y tu ôl i

πίσω

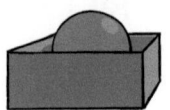

yn / yng / ym / mewn

μέσα

o flaen

μπροστά

dros

πάνω από

ar

πάνω

dan

κάτω

wrth ochr

δίπλα

rhwng

ανάμεσα

lle

μέρος